災害の記憶をつなぐ

大学女性協会――編

すぴか書房

まえがき

近年世界各地で災害による被害が増大しています。地球規模の異常気象、自然変動は新たな災害を生む原因ともなっています。新型コロナウイルス感染症の猛威も災害ととらえられるでしょう。災害列島と呼ばれる日本では、毎年のように地震、津波、噴火、台風、集中豪雨・豪雪による災害が繰り返されています。また、果たして自然災害の結果と言えるのかどうか、福島原発事故災害が今も続いており、終わりが見えないことを忘れるわけにいきません。

さまざまな災害の危険信号が点滅する中、防災対策の強化が国際社会全体の喫緊の課題となっています。2015年3月に仙台で第3回国連防災世界会議が開催されました。そこで採択された「仙台防災枠組2015-2030」は、世界の国々に向けて、行政や企業、団体だけでなく私たち市民一人ひとりが防災について学び、考え、行動を起こしていくよう呼びかけています。

災害は忘れたころにやってくる――この言葉の主とされる寺田寅彦は、明治29年に東北の太平洋岸を襲い甚大な被害をもたらした大津波から37年後の昭和8（1993）年、再び〈三陸地震津波〉が起こって、被災の惨状が繰り返されたことにふれて、「津浪と人間」と題するエッセーを書いています。科学者の寺田は、大地震が自然現象として繰り返されることは学問的にわかっているのに防災対策が徹底されず、同じような罹災が繰り返されることを憂えています。しかし一方で、一般人は「明日来る」ならともかく、「いつか来る」ことに気をつかってはいられないし、何十年も前のことを覚えてもいられないのが人間界の「現象」だとも述べます。つまり、災害が「忘れたころにやってくる」理由は、こうです。

さて、個人が頼りにならないとすれば、政府の法令によって永久的の対策を設けることは出来ないものかと考えてみる。ところが、国は永続しても政府の役人は百年の後には必ず入れ代わっている。役人が代わる間には法令も時々は代わる恐れがある。（後略）
災害記念碑を立てて永久的警告を残してはどうかという説もあるであろう。しかし、はじめは人目に付きやすい処に立ててあるのが、道路改修、市区改正等の行われる度にあちらこちらと移されて、おしまいにはどこの山蔭の竹藪の中に埋もれないとも限らない。（中略）そうしてその碑石が八重葎（むぐら）に埋もれた頃に、時分はよしと次の津浪がそろそろ準備されるであろう。

今から90年前に書かれた文章ですが、胸に迫るものがあります。当時とは比較にならないほど科学が進み対策が講じられてきているはずの現代も、災害が繰り返されている事実があるからでしょう。阪神淡路大震災や東日本大震災の強烈な記憶が残る私たちには、なおさらです。
あれほどの犠牲者を出した災害も、いま記憶にとどめている私たちが伝えていかなければ、やがて忘れられてしまいます。私たちは、自分が経験した災害の記憶を〈語り部〉として次の世代に伝える努力をするべきではないでしょうか。ちなみに、寺田は「残る唯一の方法は人間がもう少し過去の記録を忘れないように努力するより外はないであろう」という言葉を残しています。

災害は忘れたころにやってくるものなら、防災対策の第一は、「忘れないこと」になるはずです。すなわち、災害に遭った者はその体験の記憶を語り継ぎ、そして聞く者、読む者は、未知の災害への理解を深め、防災への知見を共有し、それぞれの行動に活かすことです。本書もその一環となることを願いながら、編集にあたりました。

私たち大学女性協会は全国に24の支部があります。仙台支部と茨城支部は東日本大震災、神戸支部は阪神淡路大震災に見舞われました。また、新潟支部は新潟地震、熊本支部は熊本地震や線状降水帯による集中豪雨の被害を受けました。その折の会員たちの経験はそれぞれの記録集に残されており、また、2018年には「災害を語る会」を開催して体験を語り合い、今後に活かす対策を考える機会としました。本書の企画では、全会員に寄稿を呼びかけるとともに、既にこれらで発表されている体験も原稿に含めることにいたしました。その結果、正会員の約1割にあたる70余名の被災経験や災害の歴史に関する見聞などが集まりました。

東日本大震災、阪神淡路大震災に限らず、突然非日常の中に放り込まれた発災時の体験や、それに続く生活者としての対処は、人生の一齣（ひとこま）として強く記憶に刻まれています。そして、そこには必ず学びがあり、活かすべき教訓を伴うものとなっています。それぞれが伝えている内容はさまざまですが、緊急時に必要なこと、防災に役立つ生活の知恵、また政治や行政に要請したいことなどの提言は、はからずも、ＳＤＧｓの基本理念でもある「誰一人取り残さない」ジェンダー平等の視点で共通していました。読者の皆様には、そこに、本書が女性たちの記録集として編まれたことの意義をお認めいただければありがたく存じます。

防災にも復興にも、私たち女性が声を上げ、計画や施策に参画していく必要があります。あらゆる段階の意思決定の場に、いろいろな立場の女性が入っていくことが大切です。本書が、それを推進することに多少なりとも貢献できるなら、それに勝るよろこびはありません。

2023年3月11日

編者

災害の記憶をつなぐ

——目次

第1章　東日本大震災の記憶　17

2011年3月11日午後2時46分、宮城県で——18

茨城県で、東京、神奈川県でも——34

目　次

2011・3・11　記憶のアルバム

あのとき、私は――73

第2章 阪神淡路大震災の記憶

第5章　来たるべき災害に備える

第6章 未来へつなぐ　国をこえて、世代をこえて

目次

ジャケット・本文カット　写真：森　勢津美

第1章

東日本大震災の記憶

2011年3月11日午後2時46分、宮城県で

幻のクリスマスローズ

谷地森涼子

あの日、私は、冬の貴婦人と呼ばれるクリスマスローズの展示会を観に仙台市の農業園芸センターに行く予定を立てていた。ところが、アッシー君役の夫は、前の晩会合があり当日は珍しく二日酔い気味で、運転することに気乗りしない様子。園芸センターに問い合わせると13日まで開催しているというので行くのをやめ、午後は家でのんびり過ごすことにした。

2時46分、揺れが来た。二人とも居間の大きなテーブルの下に飛び込んだ。観音開きの飾り棚からバサバサ物が落ち、足元に飛んで来る。食器のカタカタ触れ合う音。強い揺れは10分間も続いたような気がする。停電。断水。ガスも止まった。雪がちらつく寒さの中を3日間、暖房なしにふるえていた。4日目に電気がつき、テレビが受信できるようになり、沿岸部の被災状況を知って愕然とした。ラジオだけでは想像もつかない津波による惨状が展開されていた。農業園芸センターは、東部道路の海側、仙台平野の田んぼの中にある。もしもあの日の午後、私たちが出かけていたら、途中で津波に直撃されたにちがいない。

17日目に水道、35日目にガスが開通し、少しずつ日常の生活を取り戻していった。しかし、津波で一瞬のうちに家族、家屋、学校、職場を失った人々や、福島原発での放射能汚染によって、避難

生活を余儀なくされている人々がいることを忘れてはいられない。放射能汚染は避難区域に指定された福島だけの問題ではない。4か月経って浮上した、えさによる汚染牛問題は宮城県も安全圏ではないことを通告されたようなもの。対岸の火事ではない。みんなで何とかこの危機を乗り越えていかなければと願っている。

私は、64年前の子ども時代に、満州から引き揚げてきた当時と今とを重ね合わせている。全財産を失った両親にとって生活を立て直すことがどんなに大変だったか、この年になって思いやることができる。両親は教育こそ失うことのない身につく財産だと言って、4人の子どもを大学に行かせてくれたが、そういう両親が健在であったことに感謝しなければならない。

8月2日付発表の宮城県の調査では、震災で両親のどちらかがなくなった18歳未満の遺児は県内で711人、両親を失った遺児は117人が確認されている。大学女性協会が全国の会員に呼びかけた募金で、被災した宮城県の高校生の教育を支援する事業が進められている。小さな種をまいて豊かな実りを期待する素晴らしい事業だと信じている。被災地に住む一人として、全国の会員のご協力に心からお礼申しあげたい。

大学女性協会仙台支部だより『けやき』第三号（震災特別号、二〇一一年）より

津波に巻き込まれた我が家

相澤富美江

その日、私は昼に仙台で仕事があり、午前中から車で外出していました。仕事を終えた午後、9日後に開催されることになっていた、恩師である大学教授の退任記念演奏会の準備のため、その先

生の研究室でひとり事務仕事をしていました。演奏会実行委員の一人との電話を終えようとしていた時、小さな揺れが始まり、たちまち激しい揺れに襲われました。なんとかノートパソコンだけを手に持って部屋から飛び出し、階段を駆け下りて建物の外に出ました。外にいても、何かにつかまっていなければ立っていられない程の強い揺れでした。ようやくおさまるかと思えばまた強く揺れ、その時は10分以上も長く揺れが続いているように思えました。どこからかガラスの割れる音が聞こえ、頭の中を自宅は大丈夫だろうかという不安がよぎりました。

学生や翌日の後期日程入試の会場設営をしていた先生方も外に出てきました。大学本部より余震がおさまるまでグラウンドに避難するようにとの指示があり、皆グラウンドに移動しました。家族はどこでどうしているだろう、津波が来るのではないかと心配でしたが、私の携帯電話は、地震直後より圏外となり連絡がとれなくなってしまいました。近くにいた女性の携帯電話のワンセグテレビで、岩手県の海岸に高い津波が押し寄せて来ていることを知り、塩竈の観光桟橋近くの私の自宅付近にも津波が来ているに違いないと愕然としました。余震が少し落ち着いてきた頃研究室に戻り、荷物を取って車で自宅に向かいました。

停電で信号が消えていたため、仙台市内の道路は大渋滞となっていました。渋滞の車中、携帯のメールで父と連絡が取れ、自宅は津波にあい一階は壊滅状態だが倒壊は免れ、両親とも二階に避難して無事であることがわかり、ひとまず安心しました。自宅周辺の海水がまだひいていないとのことなので、その晩は泊めてもらおうと仙台市内の母の実家に向かいました。暗くなった頃にようやく着いたのですが、避難所に避難したようで誰もいませんでした。

次に塩竈市内の高台にある叔母の家に向かいました。塩竈方面に向かう国道45号線と仙台港のそばを通る産業道路はともに渋滞がひどく、どちらも途中で車の流れが止まり、前に進めなくなってしまいました。唯一ラジオからの情報も断片的で、それらの道路がどんな状況にあるのか、その時はよくわかりませんでした。産業道路を越え、さらに45号線を越えたところにまで津波が到達していたとは。さらに内陸にある利府街道を通り、夜10時頃に叔母の家にたどり着きました。

道路も家々も辺り一面真っ暗な中、家の中に懐中電灯のわずかな光が見え、それまでの緊張がほっとほぐれました。それから1時間ほどして、仙台より、叔父がようやく拾ったタクシーで帰って来ました。余震の続くその晩、叔母たちと一緒に不安な一夜を過ごしました。自宅に残っていた両親は、次の日の夕方、消防署の救助隊員によって、二階の窓から屋根を伝いボートで救出されました。

大学女性協会仙台支部だより『けやき』第三号（震災特別号、二〇一一年）より

世界が終わる！

松山裕美子

あの日、午後の一つめの用事を終え、もう一つの用事はやめることにして早く自宅に戻ろうと、街中の駐車場から車を出しました（今思うと、なぜ早く戻ろうと思ったのか不思議です）。駐車場を出たところで、カーラジオから緊急地震速報の聞きなれない音がし、同時にものすごい揺れに車が上下左右に動きました。びっくりして停車し、まわりの車の運転者と同じ行動をとろうと、車から降りてまずは歩道に。そして、長い長い揺れの時間を外で体験しました。

地面はまるで大きな波のようにうねり、ビルは半分から上が大きく動いて、いまにも折れそうで、若い女性たちは立っておられずしゃがみこんでいました。音こそありませんでしたが、世界の終わり！と本気で思ったのを覚えています。その後は、信号が止まりものすごい渋滞の中を、カーラジオから津波の警報が流れるのを聞きながら3時間かけて泉区の自宅に戻りました。渋滞の間に携帯でできるかぎりの連絡をしました。家族にとりあえず無事のメールを、家族からのメールも受けることができました。

14日の月曜日にやっと電気が通じて、あまりにも悲惨な津波と、原発事故のことを知りました。テレビや新聞をみては、ただただ唖然とし、涙が流れるばかりでした。

私は、チリ地震三陸津波のあった翌年に生まれました。そして、その津波の恐ろしさを小学校低学年くらいのときに学びました。当時海のすぐ近くに住んでおりましたので、毎日「津波が来たら大丈夫かなあ」と心配し、夢でも津波から逃げる夢をよくみていたくらいでした。また、住んでおりましたのが日立市で、すぐ隣に東海村の原子力研究所がありましたので、「原子力研究所が爆発したら、明日から私たちの髪の毛は全部抜けてしまうし、放射能の雨が降るんだね。そして白血病になってしまう」という会話を、小学校の登下校時に毎日のようにしておりました。

今回、その頃心配していたことがどちらも起きてしまったのです。こんなに文明が発達して、その頃から40年も経っているというのに……震災に加えて人間の無力さに、しばらくの間は本当に気が沈みました。

その後次第に、海外の友人や知人からも、心配やお見舞いのメールが届きました。GANBAT

ＴＥ！と書かれた文字には、本当に元気をもらいました。世界中から日本や被災地に注がれているさまざまな支援を知るごとに、世界の終わりではなく、新世界が始まる！と思えてきました。この大震災・大津波・原発事故という大きな出来事を乗り越え、未来の地球の平和に向かって進化できるようにすることが、今の私たちに課された課題に思います。あまりにも沢山の犠牲があったのですから。

大学女性協会仙台支部だより『けやき』第三号（震災特別号、二〇一一年）より

美容院から飛び出した私

佐藤満里子

3月11日、大震災の日は忘れられません。私は久しぶりにパーマをかけに美容院に行っておりました。洗髪後液をつけて細いロッドで巻いたところであの揺れです。お店には3～4人の若い方が来ておられ、「どうしよう、怖いー」と右往左往して大騒ぎでした。私はいちばんの年長ですし、「大丈夫ですよ、このビルは。落ち着いて」とわかったようなことを言って、できるだけ恐怖を和らげてあげようとつとめました。あらゆる瓶が棚から落ちて大変な中、とにかく外へ出ようと思いましたが、パーマの液がついているので、「水で流しましょう」と美容師さんにボール一杯の冷たい水をザーッとかけられ、タオルでおさえてそのままネットを被りました。4階の非常階段を駆け下り外へ出てタクシーを拾おうとしましたが、まったく見当たらず、電話で呼んでも通じません。

もう歩いて帰る外はなく、寒い中、耳を手で被いながら東北大の北門方面へ夢中で歩いていると「満里子さーん」の声にびっくり、振り返ると、何と知人の曽矢さんご夫妻でした。私が「主人が

家に一人でいるのよ」と言うや否や、周子さんは私の手からカギをもぎ取るようにしてパーッと走ってマンションへ向かってくださいました。私は曽矢先生の腕にすがるようにして後を追い、やっとたどり着くと、孫の真美も来ていました。

93歳の夫は心臓麻痺で倒れているかと思えば、「カップと盾が棚から落ちた」とだけ必死に言っていました。びっくりしましたが、思えば、優勝カップは何十年も前に東大野球部監督から社会人野球時代にいただいた我が家の宝物。自身の身体よりも大切なものだったのだと今更のように認識を新たにしたことでした。マンションの我が家は一階でもあり、お蔭様で大した被害もなくほっとしました。私と一緒に家までついてきてくださった曽矢ご夫妻には心から感謝でいっぱいです。

水、電気、ガスが使えなかったので、息子の配慮で駅近くのビジネスホテルに一泊して大助かりでした。息子夫婦、孫、その友だちもシャワーを浴びに来て、急場をしのげました。

もう二度と震災はゴメンです。思えば私は大正12年関東大震災の年に生まれたのです。この度の震災では色々な事を学びました。非常袋には何を入れたらよいか、何をさておき、まず大事な物は何か等。しかし、この教訓が生かされる日の来ないことを願わずにはおれません。

大学女性協会仙台支部だより『けやき』第三号（震災特別号、二〇一一年）より

美しい音楽に励まされて

松山寿美子

アッ！　地震！　と思ったとたんに、今まで経験したことのない激しい揺れ、物の倒れる音、ガラ

スの割れる音。その中で夫が二階にいた昴（犬）を抱きかかえて階段を滑り落ちながら降りて来ました。私は犬を抱き、テーブルの下にもぐりこみ、「はやく止まってください！」と思わず大きな声で叫びました。これはただごとではないと思い、携帯ラジオのスイッチを入れると同時に津波の情報が入ってきました。なんと恐ろしいことが起こっているのか、心も体も震えあがりました。

電気が消え、水道もだんだん出が悪くなりストップ。ガスも止まり、ライフラインがすっかり止まりました。家中の懐中電灯を探し集め、電池を確かめました。そして古い電池式の石油ストーブを出して煮炊き用に準備しました。揺れる中、怯えながら次々と頭が働き行動していたことは、後で考えると自分でも驚きます。

冬は日が短いので、暗くなったら何もできないと思い、靴に履き替え、家の中のガラスを掻き分け、なんとか通路を確保しました。寒いのでどんどん重ね着をして、コート、毛糸の帽子を着用し、その上にエプロンをして、そのまま何日過ごしたでしょう。以前テレビで観た、永平寺の僧侶の修行を思い出しました。食事の後は、それぞれ湯ですすぎ、そのお湯を飲んで食器を拭き、お盆にのせ、またそのまま使うやり方を真似しました。貴重な水を倹約するために。

真っ暗で物音のない静かな長い夜、余震に怯えて眠ることもできない中、数日後までに書かなければならなかった手紙のことを思い出して、懐中電灯の光の中で書きました。災害の最中に集中できたことは意外でした。

8日目、泉ヶ岳の温泉が開いたとの情報で、朝5時から並び、順番を5時間待ちました。久しぶりの入浴も怯えながらでした。水、買い物、ガソリン、入浴など、いずれも長い行列に並ぶ様子は、ひたすら生きるためのけなげな姿でありました。今思うとむせぶ思いです。この辛い思いを、これからの人生に役立てたいと思います。

静岡県の富士市にいる息子が、新潟周りで来るようにと、夫と娘と3人分のバスの予約券、新潟のホテルの予約など、準備万端そろえてくれました。とても嬉しい思いでしたが、行動する元気が出ませんでした。また、突然、ドイツ人の夫の友人からの、英語でのお見舞い電話にはびっくりしましたが、夫も私も久しぶりに明るい気持ちになりました。

電気は4~5日後に通じたので、テレビはもっぱら地震情報とニュースに耳を傾けていましたが、ある日、今は亡き名指揮者カルロス・クライバーとウィーンフィルの番組を目にし、久しぶりに1時間、美しい音楽を聴きました。聴いているうちに涙が溢れ、自分の気持ちに変化を感じました。消極的になっていた気持ちでしたが、地震以前の積極的な姿勢を取り戻せたのです。津波で犠牲になった多くの方々のためにも、生かされた私たちは命を大切にして、心より復興を願い、明日に向かって歩んでいきたいと思います。

大学女性協会仙台支部だより『けやき』第三号（震災特別号、二〇一一年）より

64歳での人生のリセット

黒澤和子

30年以内に大地震の起きる確率が非常に高いと言われていた宮城県でしたが、まさかあれ程の大津波まで一緒に来るとは、誰も覚悟していなかったと思います。一瞬にしてすべてを呑み込む力の

すごさは、テレビで見てすらあの怖さですから、被災なさった方の恐怖は想像すらできません。

今回の震災ではとても多くの方が被害を受けられましたが、私も被災者の一人になり、家が居住不能になりました。地震が起こったときには国分町の店にいまして、大雪の中歩いて南光台の家まで帰りますと、あたりの風景が何もかもいつもと違いました。前の家の一家が車に色々とつめ込んでいるので、伺うと、家が沈下したとのこと。右側4軒の敷地が道路より50～60センチ下がっていて、どこも山吹色の水で水浸しでした。水道管が破裂したと考えるのには色が変でした。道路の左側は2・5メートル上がっていますので、私の家は水は出ませんでしたが、庭が1か所ボコッとへこんでいて、そこに向けて家が傾いてしまいました。

電気もつかない真っ暗な中、一人では怖いので、近くの小学校にご近所の方と連れ立って避難しました。翌日夫と息子が車で迎えに来て、2日間かけて夫の勤務地の埼玉県入間市に移動しました。2か月後東北道が開通して高速バスで仙台に戻ってみると、4月7日の余震で家は更にひどいことになっていて、「もう住めないんだ」と覚悟を決めました。ホテル住まいしながら1週間家のかたづけをしましたが、残念で悔しくて、精神的にまいりました。

65歳と71歳の夫婦が、共に人生ガラガラポンでリセットすることになり、ここから執着心との戦いがはじまりました。私は、体調を崩して入院することになりましたが、病院のベッドの上で、夫の「なるようになるさ」と平然としている姿がうらめしく、また、うらやましくも感じました。ただ、私がリセットすべきことは住めなくなった家についてだけでしたので、早く仕事に復帰したいとの思いが3か月半の入院生活を支えてくれました。仙台に戻って皆様にお会いする日を楽しみに、もう少し静養にはげみます。

大学女性協会仙台支部だより『けやき』第三号（震災特別号、二〇一一年）より

流された能楽鑑賞

島原洋子

3月12日は国立能楽堂で「ユネスコ無形文化遺産」の能普及公演が開催される予定であった。「春は花、夏は瓜」と題しての馬場あき子先生の能楽案内の解説にはじまり、狂言、そして佐々木宗生先生の「花月」の演能である。馬場先生は5年ほど前に平泉の能舞台で「鳥頭」を舞われ、素晴らしい仕舞を披露された。今でもその時の様子が鮮明に浮かぶ。先生と一緒に映した写真等を携えて再会できるのを楽しみにしていた。佐々木宗生先生の「花月」は、謡は教わったことはあるものの能の鑑賞ははじめてである。

3月11日には、中学時代の親友たちを誘い、翌日一緒に鑑賞するための準備をしていた。午後2時46分。大きな揺れが家を襲った。慌てて外へ出ると草木が左右にうごめき、地面に立ってはいられない。室内の家具は倒れ、物が飛び出し散乱した。ライフラインが断たれ、テレビがつかない。何がどうなったのか皆目見当がつかず、知るすべがなかった。夜はローソクの生活となった。翌日は早朝に友だちと仙台までバスで行く約束をしていたので、日が昇るのを見計らってバス停に行った。だが、そこに友人の姿はなくバスも来なかった。目にしたのは給水車と飲料水を求める人の長蛇の列であった。

それからは暗くなれば床に着き、日が昇れば動きだすという極めて健康的な生活が続いた。1週

間経って電気が通じ、郵便が届くようになった。最初に入ったのは一通のハガキだった。お囃子の仲間からのもので、「東京の太鼓の國川先生があなたをテレビやラジオの捜索人問い合わせで探しているから、電話が通じるようになったら直ぐ連絡してほしい」という知らせであった。数ある弟子の一人の安否をこれほどまでに気遣い、心配してくださるのかと、先生の温かな思いやりのあるお人柄に触れ、深い感銘を受けた。

今回の大被害の様子をテレビ等の報道で知った方々は大変心配され、千葉、東京、名古屋、岐阜、神戸等の多くの友人から見舞いをいただいた。あれだけの巨大地震だったので、その友人たちにも少なからず被害があっただろうにと思うにつけ、その心遣いに頭が下がる。また、大学女性協会の会長を通じて、国際大学女性連盟の多くの国々からお見舞いと惜しみのない支援の申し出があった。大変ありがたく感謝の気持ちでいっぱいである。

東日本大震災は人間界を圧倒した自然災害である上に、原発事故等の人災でもある。未来のためにもよりよい復興と変革を望まずにいられない。その変貌の様子を世界に示し、あわせて日本のよき伝統文化も紹介したいものである。

大学女性協会仙台支部だより『けやき』第三号（震災特別号、二〇一一年）より

大きな災害と小さな私　ライフラインがすべて停止する中で

若菜令子

あの時、私は二階で座布団を被り「神様もう勘弁して」と叫んでいた。家が潰れると感じた3分

の長かったこと。階下から「大丈夫か」と叫ぶ夫の声に顔を上げると、外は突然の吹雪、ライフラインはすべて停止した。本地震以上の余震はなしと自分に言い聞かせ、動線の安全を確保し、日暮れては懐中電灯の下、山小屋気分でパンをかじった。情報を求め必死に聞いたラジオから流れてきたのは、「若林区の荒浜に数百の遺体が……」というニュースだった。想像すら出来ず、頭の中は空回りし、眠れぬ夜を過ごした。今も他のことはいっさい思い出せない。

翌日夕方に電気が通じ、もう大丈夫だと喜んだ。だが、テレビをつけ、言葉を失った。その光景は地獄以上……家、船、飛行機、車はまるで木の葉のよう、多くの人命とその生活、すべてを道連れに黒い海が街を呑み込んでゆく。涙も出ず、我が家に起こったことは何でもないとさえ思え、ただ我が身の無事を感謝した。高台から海に向かい「お母さーん」と泣き叫ぶ少女の姿に涙が堰を切って流れ、止まらなかった。彼女は今どうしているだろう。

さらに覆いかぶさる原発事故、未だ収束の目途も立たず、天災人災に打ちのめされた人々の苦しみは計り知れない。初めて被災者となって実感したのは次のことだった。

・助け合いの輪、迅速な対応のありがたさ
・世界中からの支援の心を身近に
・原子力の恐ろしさ

ライフライン復旧に全国から駆けつけ、「ご不便かけてます。復旧に全力を上げます」と各戸を回る作業員、機動力ある自衛隊、米軍の空港復旧隊、避難所を巡るボランティアに、どれだけ心強く支えられたことか。一方、寒空の下わずかな食料を求める長蛇の列は、終戦後さながらだ。思いがけず届けられた、息子の勤務先ＵＣＣ社からの救援物資の数々を、隣り近所で分け合えた嬉しさは忘れられない。思えば、ＵＣＣ社は阪神大震災を体験していたのである。また、メディアから流れる世界中からの支援、励ましや、大学女性協会本部を通して送られてきた海外からの沢山のお見舞い状からは、復興を共に祈る心に触れたかのように思われ、世界はひとつの感を強くし、戦争さえなくせそうな優しさを感じた。

唯一の被爆国でありながら、安全な平和利用を信じた原発の事故の惨状下にある日本は、人類が再び原子力の犠牲にならぬよう、今こそ「脱原発」へ向け大きく舵を切る時と思う。無害化に10万年と言われる廃棄物を、処理法も見えぬまま出し続けてよい訳はない。既にＥＵで国民の安全第一を考え脱原発に向かった国が出たことは、原子力利用に関し大きな国際世論が示されたことになる。日本は事故収束に全力を挙げる一方、今後のエネルギー政策を再構築し、世界に範を示すことが、甚大な被害を受けた人々へのいちばんの補償であり、平和な世界への大きな一歩になると信じている。今、私の出来ることは、あまりにも小さい。節電、節水、ＥＭ菌利用の排水浄化などを続けながら、いただいたいっぱいの愛を何とかお返ししたいと思案している。

大学女性協会仙台支部だより『けやき』第三号（震災特別号、二〇一一年）より

13階の我が家の被災

中村陽子

巨大災害に遭遇した日から3か月は、私にはとても長い3か月だった。13階の自宅から出かけよ

うとしたとき、緊急地震情報のコールサインが鳴り始め、座布団を頭に玄関の扉を開け、お手洗いのドアを開け、本棚が倒れないように押さえながら、私はそこでしのぐことに。長く感じた1回目の揺れはおさまったが、またすぐ揺れに揺れ、おさまるのをただ踏ん張って待つのみ。家中の家具、家財が倒壊、足の踏み場もない状態になった。本、食器、ガラス器が散乱、まるで映画のよう。パソコン、テレビ、電子レンジも落ち、冷蔵庫は開いたまま。

同じ階の隣人と無事を確かめ合い、助け合おうと声をかけ合った。外出中だった夫は、マンションのエレベーターは止まっていたので、フラフラ状態ながらも、なんとか無事に13階の我が家までたどり着いた。夕方暗くなってから大阪在住の高校時代の友人と奇跡的に電話がつながり、海の方が大変なことになっているらしいと教えられた。何の情報もないまま、ローソクの灯りで寒く暗い不安な夜を過ごす。水は3日分の備蓄があり、食糧も当分食べのばせば何とかなるかと避難所へは行かず、と選択。ここから老いた二人の籠城生活が始まった。

思いもよらない大惨事にただ驚き、混乱の中に何とか日々を過ごし、時間が経つにつれ、いろいろな情報も入り、改めて被害の大きさを知ることとなった。友人、知人に未だ行方の知れない方、家や車を流され避難所生活の人もいて、その上、原発事故も。この間、腰痛に悩まされていた私は、ついに腰椎圧迫骨折で約2か月入院することになる。

戦争を体験した世代として、他国を戦場とすることなく、愛する日本が戦火に蹂躙されることもなく、宇宙の中ですべてのものとの共生を願い、一つひとつ丁寧に出会い、この地での暮らしを大切にと切に願うばかり。会の皆様にご心配をいただき、お励ましの言葉は何にも増して心強くうれしく、暖かい「絆」に日々心から感謝いたしております。

大学女性協会仙台支部だより『けやき』第三号（震災特別号、二〇一一年）より

3分続いた大きな横揺れ

斎藤　歩

全国の皆様から多大な支援や励ましをいただき、まことにありがとうございました。皆様のお心遣いに感謝し毎日を大切に生きています。3月11日午後2時46分、大きな横揺れが約3分続きました。家族はばらばらでした。すぐに子どもたちを迎えに行き4時過ぎに家に戻り、日没までに家の被災状況を把握し、布団、懐中電灯、ラジオを一部屋に集め、浴槽に水をためました。夫と母が仕事先から戻り家族全員の無事を確認し、片づけを始めました。倒れたテレビを起こし、散乱した物を袋に入れ、台所から食料を運び出し、強い余震に怯えながら暗く寒い一夜を過ごしました。

近所の商店街が不休で店を開け、在庫を販売してくださり、友人と身内から送られた救援物資によって助けられていました。今は普通に買い物もできる日常を取り戻しつつありますが、いまだに避難所生活を強いられている被災者の方々も多数います。不自由な生活から解放されるよう世界中の方から送られた義援金の有効活用を心から願っております。

大学女性協会仙台支部だより『けやき』第三号（震災特別号、二〇一一年）より

茨城県で、東京、神奈川県でも

大地震と原発事故　150キロ離れた茨城県でも

静間敏子

3月11日の午後、自宅で本を読んでいた私は、突然地の底から突き上げてくる轟音とともに激しい揺れに驚き、何ひとつ持たず庭に飛び出しました。家も庭木もなぎ倒すような横揺れ、隣家の屋根瓦が落ち、石塀は倒れ、私の陶芸電気炉の耐火煉瓦壁も崩れました。水戸は震度6の激震でした。この震災の範囲は岩手、宮城、福島、茨城、千葉の南北500キロ、東西200キロに及び、その災害は地震、津波、原子力事故、風評被害など複合して起こっています。

わが国最初の日本原子力研究所が東海村につくられたのは1956年ですが、県民はこれまで3回の原子力事故に遭っています。1回目は1997年3月11日、動燃（動力炉核燃料開発事業団）の原発事故でした。2回目は1999年9月30日、核燃料加工施設JCO（株式会社ジェー・シー・オー）の起こした臨界事故です。この時作業員が2人亡くなり、住民667人が被曝しました。また、東海村、ひたちなか市では特産の乾燥芋が風評被害を受け、立ち直るのに数年を要しています。当時、水戸女性会議（大学女性協会も加盟団体）はすぐ「原子力の安全と情報の公開」を、原子力安全委員会、茨城県知事、東海村村長、JCO所長など関係機関に申し入れています。2000年国連のニューヨーク世界女性会議NGO会議にも「原子力の安全」を水戸からの発信として訴えました。３回目が、福島原発事故です。１５０キロ離れていても、大気、海水の汚染だけでなく、風評被害を含め私たちの仕事や暮らしに大きな影響をもたらしています。電力の30パーセントを占める原子力発電、その存続可否をＪＣＯ事故以来、何十回繰り返し討論したことでしょう。しかし、現在の事故後の対応を見る限り不安は増すばかりです。

もう一度このようなことが起これば、ダメージは絶望的なものとなるでしょう。この際世界の英知を集め、国際的な支援も得て、何とか早く収束してほしいと思います。核廃棄物問題を含め、過去の事故チェックリストをクリアする技術、その自信が持てない間は原発の再開は無理ではないでしょうか。一方、電力の利用者としての企業や家庭では、「節電は発電なり」の言葉どおり電力供給に見合う使用を考えねばなりません。従来の生活レベルや生産機能を落とさないような知恵、工夫ができてこそ、技術大国日本と言えるでしょう。

大学女性協会『茨城支部だより』二〇一一年度一号より

ブーツをはいて室内を歩く

加藤実穂子

震災に遭遇したのは東海村にある霊園だった。お参りを済ませ、管理事務所付近で、運転中の車がガタガタと軽くバウンドしたような気がし、何事かと戸惑っている時、事務所の方の「地震だ」という声に、停車して暫く様子を見た。墓石が倒れている所もあった。

ひたちなか市の自宅へ向かう。霊園近くの進行方向の道路は横に大きな亀裂が入り通行できず、対向車線の片側交互通行となり渋滞していた。一瞬怯んだ隙に対向車の流れに変わり、私方の車を進めるには、何台かやり過ごした後、車を降りて手を挙げて対向車に止まってもらわなければならなかった。交差点の信号は停電で機能していなかったが、到着した順に問題なく通過して行った。自宅に辿り着いたのは午後3時半頃だった。家の中は、本棚、タンスなどが倒れ、足の踏み場も無い程に物が散乱しており、安全のためブーツをはいて室内を見て回った。掛けたはずの窓のサッシの鍵は振動で外れ、土台が一度下がり次の瞬間上がったのか、1枚は枠から外れ庭の植込みに落ち、障子も敷居の山に乗り上げ開閉ができなかった。建物は外壁に大小数十か所のひび割れが生じ、内壁も一部落ち、クロスに破れ等があった（一部の修繕に留めたが、元の様に修復するには総額1000万円を要する被害があった）。地震から約48時間停電し、約10日間断水した。

被災生活を体験して感じた主な事柄を列記してみる。

① 給水車利用の長蛇の列を回避するには、大きなやかん等を利用し小口の給水口を多くする。

② 給水を受ける時の適当な容器が無い場合には、厚めのビニール袋を大鍋や段ボールの箱などに敷いて用いると運搬に都合が良い。

③ ビニール袋は大変重宝するので大小不透明なものも含めて備えると良い。

④ 私は白内障の手術を受けたばかりで、一日に3回の点眼が必要だった。このことは、一人住まいの私とって一日の生活のペースを保つのにかなり役立った。集団の避難生活でも、何かしら規則的なアクセント（？）があれば、生活のペースを保ちやすく疲労感も軽減できるのではないかと思う。

日常が止まった瞬間　大河ドラマが突然、緊急地震速報に

伊藤眞理子

昼食後、BSテレビをつけたら大河ドラマ『篤姫』（2008年放送）の最終回を放映していた。好きなドラマだったので懐かしく観ていたとき、画面がけたたましいアラームとともに緊急地震速報に。対象地域が広い。間もなく東京も大きな揺れに襲われた。

巨大津波は高い水の壁だと思っていたが、第一報の上空からの映像は大きく平たい水面の移動で、その静かさに戦慄した。

東京も電車が止まった。外出中の家族には事務所や学校に泊まることを勧め、二十数年ぶりの独り寝。家族は翌朝帰宅したが、午後には原発の1号炉の建屋が消え、長男が「弟妹と祖母のいる広島に行く」と言って1時間後には東京駅へ。流言飛語が飛び交う中、会った人には「原発」という言葉は使わず「子どもたちは地震の混乱を避けるため祖母宅に避難させた」と話した。私の住まいの周辺はライフラインの問題もなく日常生活が送れたが、テレビはすべて震災関連で非日常が続いた。見損ねた『篤姫』の「クライマックスの再放映は？」と思ったのは数か月後のことだった。

翌年から、声楽家の娘は母校の中・高オーケストラ部と毎年夏に被災地へ、5日間十数回の演奏旅行に出かけている。私も何回か足を運んで演奏を聴き、レンタカーでひとり被災地をめぐった。

忘れられない光景が二つ。一つは、原発付近。最大の汚染地の原発に向かうにつれ、無人だった風景がだんだんと賑わう。汚染を避けるため、運転席を囲うもののない車体（二輪車や農作業車）の通行が禁じられている地区の、角々に警備の防護服が立っていた。マスクをずらしている人も多

かった。目に見えない放射能より、真夏の暑さのほうが苛酷である。駅近くの市街地は警備や除染作業にあたる人たちで賑わっていた。若い人も多かった。これから子孫を残す世代がどうして原発で働いているのかと心が痛んだ。給与で働いている人たちの言葉は現場から外に出にくい。

もう一つが、宮城県の、津波で家族を失った子どもたちが暮らす山の上の養護施設。そこに、私は演奏団到着前に着いてしまった。迎えてくださった副施設長の先生は「子どもたちの中には荒れている子も多い。音楽をまともに聴けるか、楽器に危害を加えないか心配です」と言われた。やがて麓でバスを降り楽器をかついで息を切らして山を登ってきた生徒たちが到着し､演奏が始まった。演奏を聴く子どもたちは、とても静かに聴いてくれた。演奏会終了後、楽器の体験会があった。最初はおずおずと、だんだん積極的に楽器に触れて楽しそうに鳴らし始めた施設の子どもたち。毎年演奏活動で被災地をまわる経験を重ね、養護施設の子どもたちにも肩肘張ることなく相対した生徒たち。彼らのまっすぐな気持ちが子どもたちに伝わった。経験を重ねることの大切さ。遺児たちが何を求めているのか、考えさせられた。

非日常は、見えにくい場所でまだ続いている。

東日本大震災で逝った友

嶋田君枝

東日本大震災の発生時、私は東京郊外の自宅にいた。刻々とテレビに映し出される現実に、言葉が出ない。津波の状況を知るにつれ、岩手県大槌町にいる友人Aさんのことが気になった。

首都圏の交通網は完全に麻痺。麻布から徒歩で帰宅する娘を車で吉祥寺あたりでピックアップすることになったが、唯一の連絡手段の携帯電話は、15回かけてやっとつながる始末。会えるかどうかかなりヒヤヒヤものだった。あとでインターネットのほうがつながりやすかったと知った。

次の日から、Aさんの安否を、インターネットを駆使して調べた。最終的に岩手県庁のホームページに、避難所ごとに避難している人の名前が載っているのを知った。しかし、Aさんの名前はない。避難所以外に避難しているならここには載らないから、大丈夫、生きているよと思いながら2〜3時間ごとに調べていた。ふと気づいて、ツイッターにログインした。安否確認のツイートばかりだった。Aさんの名前を検索した。直接の反応はなかったが、神戸でAさんの安否情報を探しているツイートがあった。１週間近くたったとき、思わぬところからAさんの状況を間接的に聞くことができた。もうご存知かもしれないと思いながら、神戸の方にツイッターを介して伝えた。ツイッターのアカウントを取っておいて良かったとはじめて思ったケースだった。

災害が起こったときの個人の安否確認情報の収集の困難さを、東日本大震災は教えてくれた。手軽な携帯は、通話が集中するとまったくと言っていいほどかからない。インターネットは電話とは機構が異なるので、携帯からでもアクセスは容易であることを知った。その頃でもインターネットを使う安否確認の方法はあったが、一般化していなかったので、私も利用できる状態にはしていなくて後悔した。世の中は、あのときを教訓として、災害時、インターネットを活用した情報提供システムが格段に進歩した。被害状況の把握だけでなく、家族知人の安否確認にもインターネットは大いに役に立つ。災害時のことだけを考えてみてもすべての年代がインターネットに強くなるべき時代が来ている。

大震災から6年経ったとき、Aさんのお姉さんから「Aのお葬式を東京でするので、来てくれないか」という連絡をいただいた。「何も見つかっていないのだけれど、もうあきらめてお葬式をしようと思う」ということだった。Aさんは、東京で不思議な縁で知り合った友人だった。なぜか気が合って、一年に一回、彼女が上京するたびに会っておしゃべりをしたり、ときどき電話で長話したりする仲だった。そのため、お姉さん以外は親戚の方も友人も知ってる人はいない。だが私は葬儀に参列した。お斎の席で、目の前に彼女の遠縁にあたるご夫婦がいた。

「うちの身内も見つかっていないんですよ。あのときは、ありとあらゆる避難所を夫婦で回りましてね。もうね、悲しいとか、切ないとかでなくて、感情が固まっていましたね。ただ、淡々と端から一つひとつ見ていきました。体育館にいるとね、どんどんと運ばれてくるんです。外で、ドサッ、ドサッと、降ろす音がするんです。顔がきれいに残っている方は並べてもらえるんですけれど、手だけとか……」あとに続く言葉はなかった。

衝撃だった。テレビのニュースが伝えていた事実より現実はもっと厳しく、残酷で悲惨だった。なんと声をかけていいのか、何も思いつかなかった。葬儀場に飾られた彼女の写真は、日本商工会議所青年部を卒業するときに着た華やかな紅いドレス姿で、あでやかに笑っていた。

「東北に来たら、寄ってよね。遠野を見物していってよ。迎えに行くから」

「うん、行く、行く」。約束を果たす前に、彼女はいなくなってしまった、忽然と。合掌。

『キャッツ』観劇の日に　困ったときは相見互い

鷲見八重子

東日本大震災のあの日、私は定年退職を迎える同僚と劇団四季のミュージカル「キャッツ」を観ていた。一幕が終わり休憩になったちょうどそのとき、尋常でない揺れが来た。アナウンスに従って外に出ると、立っているのが怖いほどの大揺れが断続的にあり、見上げれば建築中のビルの屋上からクレーンが今にも落ちてきそうだ。劇場のすぐ裏手は横浜港、津波が来たらひとたまりもなかった。公演中止となり横浜駅に着くころには、店はバタバタとシャッターを降ろし、電車はすべて運転見合わせ。復旧は見通しが立たないと駅員が説明を繰り返している。

ほどなく友人のスマホに津波の惨状が映し出され、絶句した。何が何だかわからないまま駅構内で一晩過ごす覚悟を決め、とりあえず水と菓子パンなど買い込み、用意されたブルーシートに居場所を確保した。あちこち電話をかけまくったが、スマホも固定電話も通じなかった。自宅は停電していたのである。ところがなぜか夜の10時ころ、同伴の友の親戚と名乗る方からケータイに連絡が入った。横浜駅からほど近いところに住んでいる、これから車で迎えに行くというのだ。彼女の申し出がどんなにうれしかったか、思い出すたびに心が温かくなる。「困ったときは相見互い」のひとことが胸に深く刻まれた。

丑三つ時に家にたどり着くと、ローソクが灯り、懐中電灯をかざした夫が「よかったね」と出てきた。書棚の紙類が散乱しているだけで、食器も本も何事もなかったかのように収まっていた。問題は、その後2週間あまり計画停電が続いたことである。一日に数時間停電する。日によって時間帯が異なる。計画的だから準備はできるとはいえ、夕食時には不便をきたした。被災と言うのもおこがましいが、わたしにとって生涯で初めてのあのときの体験は、その後さまざまなことを教えてくれる経験になったと思っている。

帰宅難民は免れたけれど

渡部由紀子

あの日は、急に座間市内の友人関係のお通夜が入ったので、都内の職場から12時で早退して普通に帰宅しました。突然あの横揺れが始まったのは、遅めの昼食を取ろうとした時でした。

今まで経験したことのない独特の横揺れが始まった途端、家猫二匹はすぐにどこかに隠れたままになり、夜10時過ぎになってやっと出てきたのでした。猫たちに余震が収まったことを教えてもらった状態でした。

リビング窓際の棚の上段の観葉植物の鉢が全部落ちて室内に土が散乱するところに、ストラップで壁に固定していたはずの熱帯魚水槽が、揺れにあわせてスチール製の台ごと動き出して、水槽背面のガラス面に大きなクラックが入って温水が流れ出し、土に温水がまじった泥になりました。そこへ食器棚から食器が飛び出し続けましたが、さいわい怪我なしですみました。玄関は無事に開けられ、ライフラインも影響なしでした。まず泥から片付け開始して、ようやく全部を片付けたところで、夫が徒歩で帰宅しました。その日は情報収集する余裕もなくひたすら片付けていました。翌日が夫の腹膜透析の薬剤の配達日でしたが、翌朝に配達延期の連絡がきて、在庫をにらみながら連絡待ちしていたところ、ギリギリのところで配達されたので在庫切れを免れました。その後、備蓄分が上乗せ（阪神淡路大震災後は3日分となっていたそうですが、1週間分に増加）されて配送されるように対策が取られました。

同じ座間市内でも揺れはエリアによって異なり、戸建てでは物が落ちることも少なかったそうです。我が家は8階建てマンションの8階で、揺れが大きく出る階だったのかもしれません。被害状況を同じマンションの住人と報告し合ったところ、同じ階はほぼ同じ被害状況でしたが、低層階はそれほどではなかったことがわかりました。

地震発生は金曜日でしたが、電車が水曜日まで動かなかったため通勤できず、木曜日にようやく出社したところ、帰宅難民が何人も出て、職場に2日泊まった人も複数いたことを知りました。その後も電車内で一斉にアラームが鳴ることが度々あり、最初の1か月はスニーカー、その後はウォーキングシューズで通勤するようになり、急遽入手した帰宅マップも常に持ち歩く状態を1年以上続けました。

その後の日々

車を13時間運転して高齢の父の許へ

秋光正子

92歳になる私の父は、福島県白河市の自宅で一人で過ごしていて、3月11日の大地震に遭ってしまった。東京でも経験したことのないような揺れだったので、安否が心配ですぐ電話をかけた。しかし、まったくつながらない。夜になって父からの電話がつながった。「生きているから安心しろ。ものすごい地震だった。もうこれで死ぬのかと思った」。

まずはほっとしたが交通が遮断されてすぐには駆けつけることが出来なかった。道路が繋がるのを待つ間、ガソリンスタンドを何軒か回り満タンに、灯油、薬、あるだけの食料を車に積んで、やっと4日後の早朝、気が急くままに一人で白河に向かった。幹線道路は閉鎖。自衛隊の災害派遣車や大型トラックの車列に挟まれながら、迂回路を二百数十キロ、渋滞を辛抱しつつ13時間走り続けて何とかたどり着けた。道中眠くなる、トイレに行きたくなる……もちろん被災地ではコンビニなど開いているはずもなく、これは出発前には考えたこともなかった。

白河に着いてみると、町中の道路にはマンホールだけが蓋をかぶってにょっきり飛び出しており、地盤が何十センチも沈下している。異様な光景だった。家の中は、足の踏み場もなくめちゃくちゃで、電灯は根こそぎ振り落とされ、ぶつかった天井は破れて穴が開き、戸棚は倒れたまま。ガラスが散乱した中で、父は寒さに震えながら、何とか命をつないでいるといった状態だった。水道と電気が辛くも復旧していて幸いした。

父は、３年前母を看取り亡くしたばかりで、まだ慣れぬ単身。加速器による元素分析と年代測定を行なう会社で仕事をしており、地震直後は会社の方々が駆け付けて助けてくださった由、本当に感謝の気持ちでいっぱいになった。東北での燃料の不足は想像を超えた深刻さで、折からの氷点下の寒さに灯油も買えず、結局、東京から車で何度も運んでしのいだ。しかし、東京で見られたような、命をつなぐ水、コメなどの買い占めは起こらず、もちろん物流は滞り物資は不足するばかりだったが、住民同士お互いさまの気持ちがしっかりあることを感じた。瓦礫が集められ何とか一段落したのは桜の咲くころ（４月末）で、電器店でやっと電灯が買えたのも４月だった。

５月に入って暖かくなった頃、無理がたたったのだろう、父は胸部の動脈瘤の解離が起きてしまった。折しもＮＨＫが「戦後70年」に向けた原爆に関わる番組を制作するために、ディレクターがインタビューをしてくださっている最中で、ＮＨＫの方々が異変に気付いて急いで病院に運んでくださった。震災後、病院が辛くも診療再開した直後で、すぐ処置を受けられたことは誠に幸いだった。病状は深刻で回復には長い月日がかかったが、治療の甲斐あり、父はその後95歳まで父らしく生き天寿を全う出来た。

この震災では実に多くの方々から手を差し伸べて頂き、何とか乗り越えることが出来た。そして様々な場面で運にも恵まれたと思う。神様のご加護があったに違いないと心の中で手を合わせている。

被災地の知人をたずねて

庄子穎子

東日本大震災では、仙台の旧市街地にある我が家は2日後に電気が復旧するまで、古いアラジン石油ストーブで暖をとり、カセットコンロで煮炊きをするという多少の不自由を強いられました。しかし、電気の復旧後はオール電化住宅が幸いして、以前とほとんど変わらない生活をすることが出来ました。その分、知人にシャワー、水道水、洗濯の提供や、使わない電気釜、ホットプレート、電熱器、カセットボンベの貸出等、少しはお役に立てたかと思っています。

私の住んでいる地区は幸い地震のダメージを受けずに済んだのですが、娘と共に、一度は被災地の様子を目にとどめておく必要があるのではないかと話しておりました。しかし、すぐに行動を起こしたくてもガソリン不足の状態が続き、半月後、娘が郊外の角田市に仕事で向かった折に、漸く30分並んで満タンに出来ました。道路事情も緩和され、そろそろと思った矢先の4月7日の余震で延期しましたが、4月17日、松島の先まで出かけてきました。仕事や支援のために被災地を訪れた人の話では、見ておいたほうがよいという意見と、いや見ないほうがよいという意見が二つに分かれていました。私がぜひとも訪れたいと思ったのは、東松島市に住む知人と連絡が取れなくなり、どうしても現地を訪れて安否を確かめたいという思いもあったからです。その方は、7年半にわたって住み込みで私の母の介護を続けてくださり、その後は時折、父の面倒も見てくださいました。その方と二人三脚だったからこそ、私が無事に親二人を見送れたのだと思っています。

開花宣言から1週間も経たずに桜が満開となり、季節的には絶好の行楽日和となった日曜日に、東部道路を通って松島海岸インターチェンジまで高速道路で行きました。それから海岸沿いの一般道を走っていくと徐々に津波の痕跡が見えてきました。道路脇の瓦礫の山。水に浸かった後の住宅。小高い所に引っ掛かっている小舟等々。テレビで見ていた光景でした。ようやく地図とナビを頼りに目的地の東松島市新東名三丁目にたどり着くと、その住宅地の中は、土台から流されている家が半数以上でしたが、中には、一階部分には水が上がったものの全体としては残っている家もありました。途中で、自衛隊の方が瓦礫を片づけている姿も見られました。丁度、後始末に帰っていたその地区の方に場所を教えていただき、知人の家を探し当てると、たまたまお嬢さん夫妻が片づけているところでした。私がお世話になったご本人は、今は塩竈のご親戚の家に身を寄せていられるとか。皆さんの無事を確認して、胸のつかえが下りた次第です。夜になって、その知人と直接話が出来、当日のことを伺いました。

「老犬と留守番をしていたところ津波警報が鳴り、隣家に車に乗らないかと誘われたのを断って家の中にいたら、あっという間に胸の高さまで水がきた。浮いてきた畳に捉まっているうちに水が引き、衣類を着替えて二階に上がって一晩過ごし、翌日に迎えに来た家族に助けられた」とのこと。愛犬のゴンは助からなかったそうです。一方、車で逃げた方たちは流されて命を落とされた方も多く、他にも、一瞬の判断が生死を分けた例をたくさん耳にしました。

帰路は今回、人々の運命の明暗を分けたという東部道路を南に向かって仙台空港まで走りました。仙台港のあたりから、左手の真っ平らな地面に津波が押し寄せた様子が確認でき、道路のすぐ傍まで瓦礫や根ごと倒された木々が散らばっていました。このあたりで居久根（いぐね）と呼ばれる屋敷林の面影もなく、ところどころに車や、海岸線に沿って阿武隈河口に至る運河の貞山堀（ていざんぼり）に浮かんでいたと思われる船までもが残されていました。空港近辺では、何百台もの車が並べられていました。海沿いの地域には規制があってあまり入れませんでしたけれど、何百年に一度と言われるこの度の地震の爪痕を肌で感じ、災害の恐ろしさを実感した次第です。

大学女性協会仙台支部だより『けやき』第三号（震災特別号、二〇一一年）より

報道の向こう側

平田恭子

被災県にありながら我が家は幸いに被害が軽く、被災者とは到底言えない。それでも、思い出したくないことだらけであるから、もろに被害に遭われた沿岸の方や、今も苦しんでいる方に本当に申し訳ない思いでいっぱいである。私は地震の翌日には水道も電気も回復する地区に住み、仙台に幼な子を伴って暮らすことになった10年前から、備えも万全のつもりだった。しかし、個人の努力でできることには限界があることをかみしめながら、いま生きている。下水処理場、ゴミ処理場、給食センター等々の被害。皆が日々、我慢し、できることを精一杯やっている。

あの晩、隣で眠る子どもの顔も見えない漆黒の闇の中、ひたすら夜明けを待った。3月12日の朝、子どもの通う小学校に、前日おいてきたランドセルを取りに行くと、校庭は、仙台駅から溢れた人1600人で埋め尽くされていた。近所の、公衆電話をかけに行った旧ワシントンホテルも、毛布にくるまった難民キャンプのようだった。青葉通りにはびっしりと駐車。ガソリン切れの中、逃れ

てきた方々が車中で過ごしていた。

その時点では、津波のことは詳しく知る由もなかった。目に映るのは閉店の張り紙一枚で略奪もないコンビニであり、ラジオから伝わることはわずかであった。成田空港にいた夫が、早く脱出しろと促すのもピンと来ないでいた。だが、福島原発が危機的状況であるとメーカーの友人がパソコンで知らせてきた。私は蔵王を越え、新潟で一泊、その後東京に避難することを決断した。一緒に連れて避難できるほどに子どもが大きくなっていたことが幸いであった。プラチナチケットと言われた大型バスに乗ることが出来、隣県の山形蔵王の土産物店に寄った時、そこはまったく日常と変わりない営みが展開されていた。

実家の両親は既に他界している。夫の両親も70歳を越え、長々と世話になるわけにはいかない。東京では、ミネラルウォーター、米、トイレットペーパー、冷凍食品などが買い占められていた。メディアは計画停電や取水場の状況、原発のニュースで占められていた。CNNに至っては「グッドモーニング、今朝もジャパンとリビアから始めよう」という有り様であった。無論、国内外の人々に悪意などあろうはずもなく、むしろ善意に満ちあふれていた。しかし、ただ噛み合っていなかった。街角ではチャリティー・イベントの呼び込み、在外の友からは募金の行方を被災者から報告してほしい等々……毎日、疑問を感じた。何かのお楽しみがなければ募金してもらえないのか？募金を誰かが不正に使うと思うのか？また、「お祈りしているからね」「東京も揺れたのよ」「帰宅難民になった」……何か言葉をかけられる度に、妙な憤りを覚えた。

私の心の内はこうであった。「津波から浮き上がって屋根に逃れた後、無情の雪で凍死した子どもたちのことは知られていない。神も仏もあったものではないのに、電車が止まったくらい何だというのだ。でも、対峙するのもいやだ。主張と主張のぶつかり合いの文化には疲れた」。しかし、よく考えれば、共感しようとして声をかけてくれている言葉なのである。それに何より、自分はどうなのだ？　住んでいた青葉区のマンションのエレベーターが止まり、8階を階段で何往復かした程度のことを、三陸や若林区の被災者は、どう聞くのか。しかも今は仙台を離れ、帰京してきているのに。

「塗炭の苦しみを慮る」「尋ね人、疎開、配給、死語じゃない」誰かがそう言っていた。無情、無常、そして無力。大災害の時、人の役に立つのはヘルメットの力持ちだけだ。原発に放水をした消防隊長の、使命感と誇りと達成感に満ちた顔。しかし、我が子をそこに送り込む勇気は私にはない。

4月7日、仙台に戻った。引っ越すにしろ、書類が必要なことに気付いたからだ。ガスもまだダメで、さして状況は変わっていなかったが、退避前に私が生鮮食品を押しつけるようにもらっていただいた、お隣の老夫婦も無事だった。子どものクラスでは、転勤族が西日本に散らばり、福島や閖上（ゆりあげ）からの児童が転入してきていた。

育ち盛りの子どもがパンと牛乳だけの給食、しかもどんな危険があるかわからないものを食べているが、月が変わるごとに、ジャム、デザートと、少しずつ品数が増えている。栄養士さんの努力に頭が下がる。しかし一方で、風評被害という名の実害をかわすために学校が使われているのではないかという疑念は消えない。農業をはじめ、被災県の産業を守ることと子どもたちの健康を守ることが、どうか一致しているように願わずにいられない。「ただちに」健康被害はない、という聞き飽きた言葉が曲者なのだ。

天災は誰のせいでもない。が、被害を最小限にとどめるか、広げるかは、人、とりわけ政治家による。政治家が何もできないか、足を引っ張り合うところまでは思っていた通りだった。しかし、被災者を利用して与野党とも権力闘争を繰り広げるところまでは、さすがに考えていなかった。私たち国民はサイボーグではない。被災県の市民と子どもたちの、1年後、6年後、10年後、20年後はどうなるのか。自分も子どもも、せめて10年後に役に立つにはどう取り組めばいいのか。私は今、「自分のところさえ良ければいいのか」と「家族は自分で守る」との交差点で、どちらに渡ればよいのか、悶々としている。

大学女性協会仙台支部だより『けやき』第三号（震災特別号、二〇一一年）より

震災後に迎えた学会発表

中屋紀子

２０１１年４月３日は私の68歳の誕生日だった。この日、「家庭科への思いを次世代へ繋ぐ五人の会」の研究会を都内で開く予定だった。6月25、26日に長崎大学で開かれる日本家庭科教育学会での発表打ち合わせをする計画だったからだ。横浜と静岡に住むお二人からは、「(仙台の) 中屋さんは罹災しているし、東京は計画停電で混乱しているから、計画を取りやめたらどうか」という問い合わせがあった。ところが、九州からは「もう切符は買ったから、東京に出ます」というメールが届いた。私はその方へ「会が取りやめになっても私は行くので、東京で会いましょう」と返事を書いた。私たち二人は発表担当者だったのだ。

東京へのルートとして、最悪の場合、山形空港までマイカーを飛ばし、羽田へのフライトを考えていた。しかし、高速の東北道は復旧し、新幹線も那須高原までは開通していた。そこで、那須塩原まで車で行き、そこから新幹線に乗ることにした。「誕生日祝いだ」と言って、夫がよく揺れる東北道を運転してくれた。その2日前、ガソリンを入手するために、1時間半もスタンドに並ぶというおまけつきだった。

こうして無事に研究会を終えた。100人ほどの現職の大学教員へのアンケートを実施し考察した内容だったので、しっかりと取り組みたかったのである。この研究を始めた発端は、公開研究会の「助言者」の能力を養成したいと思ったことだった。教員養成大学の教員になると、すぐに、付属学校での公開研究会の「助言者」を務めることが求められる。私は若い時代から定年退職時までそれを続けてきたが、助言するという能力形成には何らかの意識的、能動的な「教育」が必要ではないか？という考えで、研究を始めたのだった。

研究会終了後は、6月の長崎での学会本番に向けて、具体的に発表資料と発表原稿を作らなければならなかった。それなのに、何をしてもすっきりといかずに、悩みに悩む日が続いた。こんなことは未だかつてなかった。頭の働きがどうもよくなかったのである。私も震災後、軽い「鬱」になっていたのだろう。だが、何とか形にだけは仕上げて長崎行となった。学会での発表後、「発表をまとめた論文を待っています」と多くの人に声をかけてもらい、ホッとした。

最近になって、避暑を兼ねてクリーンエネルギーの葛巻高原に一泊し、「風をつかんだ町」の澄んだ空気に出会えた。おかげで、少し元気になれたような気がする。

物不足、食料不足の日々と日本人の品格

青木洋子

震災から4か月が過ぎました。津波の被害を受けた地域は、今も苦闘を続けていますが、仙台の中心部では、元の生活に戻りつつあります。地震直後を振り返ってみますと、物不足、食料不足の毎日でした。多くの人々が、開いているスーパーやコンビニの前で列を作り、何時間も中に入るのを待っていたものです。この事実を報じた外国のメディアは、暴動も略奪もなく整然と列を待つ日本人のマナーを、驚きを込めて賞賛していました。この記事を読み、私は日本人の品格を感じ、日本人であることを誇りに思いました。

今回の地震を機に、日本は変わります。絆の大切さを学んだ我々は大金持ちでも軍事的に強い国でもありませんが、品格を保った精神的に強い国になるでしょう。先日の女子W杯サッカーでは、再三リードされながら、〝なでしこジャパン〟が逆転優勝を飾りました。まさに、新生日本の意志と日本女性の底力を感じました。これからの日本も、この「なでしこスタイル」を貫いて進んでいきたいものです。

大学女性協会仙台支部だより『けやき』第三号（震災特別号、二〇一一年）より

広がる支援の輪

赤いブレスレット　アメリカからの支援の輪

小関和子

千年に一度と称された3・11東日本大震災。その惨状は、米国で暮らしている娘たちのところにもリアルタイムで報道されました。しかし、通信手段は閉ざされ、娘たちの心配の度合いがピークに達していた3日後、やっとアメリカと会話が通じたときは、お互いにただワーワー泣くだけでした。心配で心配でテレビの前から動けなかった娘の気持ちと、どんなにか心配しただろうと思う親心で、無事を確認しあったときの心境は、もう言葉にはなりません。それからというもの、親戚、友人、知人、ありとあらゆる方々との連絡のとり合いで、電話は鳴りっぱなし。今まで音信不通だった方々とも「大丈夫？」「良かったぁ！」という会話の連続でした。

一方、アメリカの娘のほうは、日本人であるということと、ましてや被災地の一つである仙台出身であるということで、大勢の方が心配してくださいました。ご近所の方はもちろんのこと、子どもの学校関係、友だち、先生方、保護者の方々、見ず知らずの方々まで、今必要な物は何か、何かの役に立ちたい、何とか応援したいと連日問われ、娘はその対応に困ってしまうほど、皆が一生懸命心を寄せてくれたそうです。

その結果、皆で義援金を送ろうということになり、赤いゴム製のブレスレットに"LOVE &

HOPE JAPAN"と刻印し販売したところ、多大な協力金が集まり、それをニューヨーク赤十字社に託したということでした。その赤いブレスレットは、日本を思う人たちの暖かい絆の証となっているそうです。遠く離れている娘がこうして故郷（ふるさと）を大切に考えていることが、本当に嬉しく思われました。いま世界中で、一日も早い復興を願い、祈り、様々な催しがなされていることを知ると、「心はいつもそばに」という思いが伝わってきて、生きてゆく希望が湧いてきます。

これからも何が起きるかわかりませんが、自分に与えられた人生を精一杯生きなければと、改めて心に誓う日々となりました。

大学女性協会仙台支部だより『けやき』第三号（震災特別号、二〇一一年）より

すばやかったドイツの救援・支援活動

ウィルヘルム　菊江

今回の国難と言ってもよい非常事態に対して、すぐに海外の国々から手を差し伸べられたことを忘れてはならない。しかし同時に、ドイツ政府に入った原発の情報は正確で、かつドイツ人の避難行動がすばやかったことも忘れてはならない。「地震後すぐに福島第一原発でメルトダウンが起こっているので、東北に住むドイツ人は、即刻、国外に避難させる。仙台の名誉領事と共に協力してほしい」というドイツ大使からの電話があったのは、電気が通らず、何が起こっているのか事情がわからない時であった。

成田にはドイツ技術救援隊（THW：Technisches Hilfswerk）40名がドイツから着き、5人は大使館に、残りは南三陸に向かっているという連絡も入ってきた。大和田名誉領事の指示で、ドイツ

やヨーロッパの国々から来た留学生や研究者を国際センターに集めることになった。同時にベルリンの危機管理室からも、東北地方に住むドイツ人の名簿が送られてきた。連絡先の電話も書かれていて、管理のすばらしさに感心しながらダイヤルした。結局、東京から3台のバス（120席）が迎えに来て、ドイツ人以外にもリストに記された外国人は全員乗れることになり、アジアからの人々の多くも東京に向かった。そして、ドイツ人は希望する国々へ渡ることになった。ドイツ大使館では一時お金を工面することもした。このバスに間に合わなかった東北にいたドイツ人は、数日後、THWと共に三沢の米軍基地からドイツに帰った。

20年前のチェルノブイリ原発の爆発以来、ドイツでは原発に対して、常に議論がなされてきた。たまたま3月11日に7名のドイツ人技術者が古い福島第一原発の中で調査の仕事をしていた。その時に地震が起きたのである。この技術者が詳細を本国に伝え、それを受けたドイツ政府はメルトダウンの可能性を考えて、速い決断がなされたと聞いている。

ドイツでは日本支援の動きが広がり、一般市民、企業、市町村、ドイツ政府などから、これまでに5000万ユーロ（約52億円）を上回る義援金が寄せられた。震災直後の支援段階を経て、ドイツ大使館を中心に、今もいくつかの具体的な支援プロジェクトが実現されている。チャリティーコンサート、ドイツ人サッカー選手によるサッカー教室などの被災地慰問事業の他に、つい最近では、避難所や仮設住宅に暮らす被災者が、買い物、通院などのために共同で使える車が提供された。税金、保険、1日100キロまでの燃料、修理などの運営費用も1年間は保証されている。こうした支援はこれからも継続的に行なわれることになった。しかし、どの点で支援をするかを決めるのは難しい。被災地が求めていることは日々変わり、新聞に載る頃には希望が成就されていることが多い。そこで、現地に人を派遣して、現地の事情を確かめ、聞き取り調査をして、要望に合い、しかも支援が長中期にわたって利用される事柄を探す努力をしている。簡単に地方自治体に電話で尋ねたり、自治体に寄付をするほうがはやいかもしれないが、手間ひまをかけて、目に見える確実な援助を考える点はいかにもドイツらしい。今回、ドイツの支援活動について学ぶことが多かった。

大学女性協会仙台支部だより『けやき』第三号（震災特別号、二〇一一年）より

福島原発避難者の支援チームの一員として

今高博子

このたびの東日本大震災の津波、福島原発の放射性物質の問題など、ただただ地震被害の大きさに驚いています。私は3月21日、福島原発避難者の支援チームの一員として地元体育館で支援活動に入りました。約440名いた被災者は、徐々に他所避難所へと移動していき、4月5日には41名までに減りました。避難所支援として6日間活動に参加しましたが、大切な経験をさせていただきました。その中で感じたことを記します。

ボランティア活動のための保険

はじめに、3月18日に社会福祉協議会より災害ボランティア保険に入ってほしいと頼まれ、早速、「六好会」という主に高齢者への食事支援などをしている私たちグループの会員に呼び掛け、31名が登録完了して社協からの指示を待つ。会員からは早く活動したいとの要望あり、3月21日、直接

体育館に出向き、ボランティアをするにはどうすればよいか、玄関口受付で行政関係者に問い合わせる。ボランティア保険に加入する必要があると言われ、早速手続きを求められる。社会福祉協議会の被災者支援保険には入っていることを伝えたが、またそれとはちがうということで手続きをすませ、体育館に入る。

翌日も会員11人を誘って、翌々日は別の会員8名で行く。しかしその時は、もうボランティアは充足している、新規保険加入枠はない！ので「お帰りを」と言われる。何度も社協の災害支援保険には入っていると伝えたが、それとは別と言われ、帰ることになってしまった。結局、ここでは社協の保険は有効ではないことを知る。社協、県、市とそれぞれ違う保険なのかもしれない。お断りの理由を尋ねると、多すぎると指示命令が混線し、非能率的になるとのこと。日頃高齢者へのボランティア活動をしているので話し相手などもできると粘るも、ここでの保険でないとボランティア活動はできない。せっかく貴重なガソリンを使って来たが、戻ることになった。

必要な支援物資を手に入れるには

最初、衣類などの支援物資が欲しい時は被災者が直接手に取って、欲しいものを持っていくと思っていたら、あらかじめ用意された被災者の要望リストを見ながら、ボランティアが見繕って物資を渡している。被災者は広い体育館の入り口でボランティアが持ってくるものを待っている。その光景を見てびっくり仰天！　夕方の反省会で「おかしい！」と伝える。被災者本人が直接手に取って必要なものを持っていく。これでいいのではないか。翌日からその方式に変わった。毎日試行錯誤の連続である。

なぜ支援物資取得の申告をするの？

被災者はもらった物資を入れた袋を全部テーブルに出して、一点一点担当者に見せて、申告をするという。なぜ申告する必要があるのか？　リーダーに尋ねると、「被災者にとってどんなものが必要とされているか、今後の参考データにする」とのこと。しかし、普通の人の生活に必要な日用品が、人によってそんなに差があるだろうか。自分に置き換え、想像力を働かせれば自明のことであり、被災者にとって、この手続きはどんな印象に映るだろうか。ありがたさも十分感じていただいていると思うが、なぜこんなにまでして、人様からいただくことになってしまったのだろうと、悲しさ、悔しさで手に取っている方も多いに違いない。

これは他の避難所でもやっていることなのだろうか？　私は何ともやるせない気持ちだ。このコーナーの存在もおかしいと訴えたが、聞き入れてもらえなかった。

女性、思春期の子らに配慮を

物資取得の申告でさらに痛感したのは、私たちが肌着類コーナーを担当した時である。段ボールに市民や衣料品販売会社から提供されたカラフルな肌着や、年配向きの肌着類、靴下、パンティ、ブラジャーを入れて皆さんに選んでもらった。中学生の女の子も恥ずかしそうに品選びしている。私たちもさりげなく傍でお手伝いする。そんな中、「荷物持ちボランティア」と称する中年男性が後ろに立って見ている。「洗濯なんかできないんだから、パンツなんかいっぱい持っていくといいよ」などと、のぞき込みそうな勢いで声を掛ける。しかし、思春期の子や女性に対する配慮の無さに気づかないのか。また、この支援物資を衆目の中、前記のように袋から出して申告する！

私たちは翌日不透明な袋を用意し、そこに肌着類を包み込んで「これは肌着」と言って中身を出さなくてよいと被災者に言い添えた。さらに、荷物持ちボランティアは必要な場合のみ、女性には女性担当者をつけるよう、また男性被災者にも同様の対応をするようリーダーに頼んだ。次回からはそのような配慮ができるようになった。

支援活動から見えてきたこと

・防災基本計画に、細部の具体的な生活現場での支援に一貫した女性の視点を入れ込む。
・運営の具体的な総括、反省を毎日行なう。その結果を、前例にとらわれず臨機応変に活かす。
・被災者の気持ちを我が事として受け止めながら支援する。

支援活動に男女共同参画の視点を

大災害に遭って、やっと避難してきて、さらに避難所で嫌な思いをさせられる。このようなことは決してあってはならない。避難所運営にどれだけ女性の視点が配慮されているのだろうか。阪神淡路大震災の反省がどのように生かされているのだろうか。現場で、細やかで具体的な女性の視点が実践されて初めて、声に出しにくい被災者の人権が守られることになる。避難所運営は特にこれまでは女性の声が届きにくい部門だった。防災基本計画の大筋から現場の具体的な取り組みに至るまで、一貫して男女共同参画の視点が十分反映されるよう、男女ともに意識改革が必要だと思った。

洗濯の場所や干し場や、着替え室、お乳を飲ませる部屋、妊産婦さんの部屋、このほか生理用品、化粧品、理美容なども大切である。「おしゃれにカットしてくれる美容室はどこにあるか」と若い女性から質問を受け、特に私はそのように思った。一人ひとりが様々な思いで避難してきているということを実感した。緊急避難とはいえ、なるべく毎日の生活を念頭において、私たちは、日常に近い生活が提供できる支援を心がけることが大切だと思う。

今回の避難所支援活動の一端を通して、改めて「女性の視点」はすべての人の人権と心地よい生活を守るために欠かせないということを、身をもって痛感した６日間であった。

土浦市男女共同参画センター編『フェスティバル記録集――意識から行動へ』（二〇一一年発行）より

遠く離れた岡山からの支援ネットワーク

片岡雅子

２０１１年3月11日、テレビから流れてくる映像が現実のものとは思えず、しばらくその場に立ちつくしていた。被害の状況が刻々と伝えられる中、日本各地から、世界各国から支援の手が差し伸べられた。今、私に何ができる？　もどかしい思いでいた。

国連のユニセフは、震災2日後に戦後二度目となる日本への支援を決定した。日頃ボランティアとして活動している岡山ユニセフ協会にも協力の要請があった。岡山のノート製造工場に全国の協力企業から10種類ほどの文房具が集められ、それを1人分ずつバッグに詰める作業の依頼だった。その分量は「津波の被害を受けた岩手県沿岸部の子どもたち1万6０００人分」、岡山でできることがある！　居ても立ってもいられないと感じていたにちがいない延べ１００人を超える方々、子どもをおんぶした若いお母さんから高齢の方まで、兵庫、広島、香川、愛媛からも駆けつけてくれて、7日間、交代で底冷えのする工場内で作業を行なった。受け取ってくれる笑顔を想像する一方、受け取ることができなかった幼い命に想いをめぐらせる辛い作業でもあった。ささやかでもできることがあったことが私たちの救いだった。街頭での募金の呼びかけには多くの方が心を寄せてくださった。被災地に絵本を送るプロジェクトには、予想をはるかに超える絵本が寄せられた。

この大震災は、自然災害に加え、人災ともいえる原発事故を引き起こした。震災後まもなく、岡山出身で、原発から23キロの川内村で原発の電源に頼らず暮らしていた大塚愛さんのお話を聞く機会があった。大きな揺れに見舞われたものの、家屋の被害もなく、薪ストーブで調理、暖もとり、家族揃っていつもと変わらぬ夕餉を迎えるはずだった。福島第一原子力発電所の爆発さえなければ…… 身を裂かれる思い、葛藤の中での避難だった。目の前にたたずむ、憔悴しきった彼女の姿は今でも忘れられない。

今、ここ岡山で彼女と共にできることは? 安全な岡山への避難を考えている人の受け入れをしよう。そして、福島に留まらざるを得ない人たち、特に子どもの命と健康を守らなければ。お話を聞いた数人で「子ども未来 愛ネットワーク」を立ち上げた。その中に、当時岡山県議会議員だった故横田悦子さん（元大学女性協会会員）がいた。彼女は、被災者支援を県に精力的に働きかけた。そして、「福島県の子ども元気回復事業」として、県の青少年の宿泊施設が食事付きで提供されることになった。この事業は10年続いた。「こどみら」は、春夏冬と多い年は年3回、福島の家族の保養の受け入れを行なった。保養の期間中、子どもたちは太陽の下、思いっきり新鮮な空気を吸い、落ち葉や砂に触れ、当たり前の生活を束の間取り戻すことができた。個人、企業、団体から寄付を募り、安全な食材の提供を行ない、さらに地元の高校生とのふれあいや、遊園地や島へのバスツアー、綱渡りのパフォーマンス、マッサージ、クリスマス会などのイベントも行なった。そして、被災した大人にとっては、胸の内を聞いてもらうことが何よりも心のケアとして大切な時間となったようだ。岡山への移住希望者には、就労、就学、住居などの生活相談、健康診断の機会も提供した。1年が経過した頃、西日本では岡山への避難者数が沖縄に次いで多数であることが報告された。こういった行政と民間の支援団体の活動が功を奏したのかもしれない。

避難者の方との交流の中で私にとって衝撃だったのは、大熊町から避難してきた方のことである。「家族全員が福島第一原発関連企業で長年働き、恩恵を受けていた。〝原子力明るい未来のエネルギー〟神話を100パーセント信じていた、そして今回裏切られた」と、やり場のない気持ちを涙ながらに吐露されたのである。私自身、原発について無知で無関心だったことを猛省することになった。知らないことは罪である、とも感じた。

その大塚愛さんには、学校などで何度も辛い体験を語っていただいた。岡山に住む私たちにとっては、災害は他人事、遠い場所で起きていることと思いがちだ。まずは現実を知らなければ！

2012年3月11日、「震災を忘れてはいけない」というメッセージを込め、岡山ユニセフ協会主催で東日本大震災写真展を行なった際にも会場でお話しいただいた。春を告げる福寿草、仲間との稲刈り作業など、震災前の川内村の四季の移り変わりのスライドに涙をこらえる彼女の姿に、私たちも胸が詰まった。そのような活動を続ける中で、大塚さんの中に何かが芽生えたように私は感じた。私は、いつでも、いつまでも、彼女にエールを送りたいと思っている。

遠い岡山でも、できること、できたことから、私たちは、現実を積極的に知ろうとし、被災者の声に耳を傾け、寄り添い、共に行動することの大切さを学んだように思う。

大学生への義援金

中島美那子

4月30日に開催されました２０１１年度大学女性協会茨城支部総会におきまして、今回の東日本大震災に対する義援金を募りましたところ、みなさまのご協力により、８万５４０５円を集めることができました。

この義援金は後日、茨城キリスト教大学に寄付し、被災学生への支援に役立てていただくこととしました。茨城キリスト教大学は、福島県や北茨城市、高萩市から通学する学生も多いことから、自宅が大きな被害を受けてしまったり、保護者が経済的な困難さを抱えてしまったりなど、深刻な影響を受けた学生が数十名在籍しています。義援金は、茨城キリスト教大学教授で茨城支部会員でもあります川上美智子先生から小松美穂子学長へと渡されました。

大学女性協会『茨城支部だより』二〇一一年度一号より

世界をつないだ災害

向後紀代美

２０１１年3月11日、東日本大震災が発生。たまたま娘が仙台から上京していて、私は娘とともに東京中野の私の実家のマンションにいた時だった。４階の部屋の机の上の物は落ちたりしなかったが、エレベーターが止まり階段を昇り降りしなければならなかった。建物の前の青梅街道では、新宿から荻窪方面へと、通りの幅いっぱいに大勢の人がタッタタッタと足早に歩いて行った。まるで軍隊の行進のように。慌てて駆け付けたコンビニの棚は空っぽ。最後に残っていたおにぎり3個を買えたのは幸運だった。その日は小田急線が止まってしまい、実家泊り。翌日川崎の家に帰宅。娘は携帯電話が通じず仙台に残してきた家族の安否を心配していたが、新幹線もストップ、帰ることもできなかった。近所のガソリンスタンドや生協の店舗の前では長蛇の列。その時、福島の原発事故があったはずなのだが、テレビでは政府の代表が心配ないとの声明を毎日出し続けていた。

やっと1週間後、娘は隣りの駅から出るバスで羽田空港に行き、山形空港まで飛び、そこからまたバスで仙台へ。そしていつもならバスで仙台郊外の町まで行くのだが、そのバスも走っていなくて、歩いて家までたどり着いたと、後で娘から聞いた。普段なら考えられないコースでの帰宅だった。私の方は幸い、家族も安全で、大切な食器も扉に安全装置を施していたので無事。食器がめちゃめちゃになった人も多かったらしい。後日、水道も電気もとまり、プールの水をトイレに流したとか、もう捨てようと思っていたコンロが役立ったとか、さまざまな話を耳にした。

宮城県では以前からそのうち大きな地震が起こると言われていた。それで私が教えていた東北学院大学の宮城豊彦先生は、地域の住民に防災教育を行なっていた。日本の事例だけでなく、調査されたインドネシアの大津波についても話されていた。それを聞いていた住民たちは、地震直後いち早く高台に避難して、全員無事だったという。想定外の大被害も起こりうるという予備知識が役立ったのだ。

私はすでに退職していたが、大学の教え子が心配だった。幸い死者はいなかった。しかし、仙台近郊の荒浜に住んでいた相沢寛人君の家はすべて流され、跡形もなくなってしまった。2か月後に訪ねてみると、お父さんは仮設住宅に入っておられた。狭い部屋に洗濯機、テレビなどの電化製品がぎっしり。復興資金はこんなところにも使われて、もうかった企業もあったんだと思った。また、夏に訪問した東松島市の熱海和美さんの家も津波による浸水で、いまだ使えない状態で畳は上げられたまま。私の背丈程の高さの電気のスイッチまで泥をかぶってしまい、一つずつはずしてきれいに洗ったり、壁をこすって拭いたりするのを手伝った。その年、田んぼや畑の作付けはできなかったそうだ。しかし、災害は悪いことばかりではなかった。熱海さんは農作物の通信販売で知り合った九州の人から救援物資が届いたと喜んでいたが、日本全国いや世界からもボランティアが東北に入り、人間の善意を感じることができた。

私も世界でそれを実感することになる。その年の夏、米国、カナダを旅した。ニューヨークの目抜き通りには、東日本大震災を応援するメッセージがかかげられていた。私たち夫婦はカナダのオタワにある日本大使館の人々に東北の実情を写真で示し、話をすることになった。当時大使であった石川薫さんがその機会をくださったのだ。冬に訪れたフィリピンのパラワン島の高級ホテルでは、宿泊費の一部を東北の被災地に寄付していると聞き、びっくりした。私たちの泊っていたのは安ホテルでその脇を通りすぎていたのだが、急に親しみを感じたのだった。

話は同じ災害でもミャンマーのサイクロンの場合。NGOの植林活動で長年通っていたイラワジデルタの村々が進路を変えた暴風雨に襲われ、13万人という多くの人が一晩でなくなったり、行方不明になったりした。2008年5月のことであった。日本では津波がきたら高台に逃げるように言われるが、そこには高台がない。ASEANの働きもあって、しばらくして世界中から多数のNGOが現地に入り、億単位の援助金によりシェルターとしても役立つ二階建ての学校や復興住宅、トイレ、水タンクなどがあちこちに建設された。村人は雇用の口を得、同時に国連機関などの働きで民主的思想も自然に入ってきた。思いがけず、災害が世界をつないだ事件でもあった。

早くから堂本暁子さんや原ひろ子先生が女性の視点から災害対策を行なう必要があることを訴えられており、2015年に仙台で開催された第3回国連世界防災会議でも女性関係の会議が開催され、JICAの田中由美子さんも参加されていた。地震、津波など災害の多い日本から、災害にもジェンダーをとの動きを世界に広めたいものだ。

復興への道のり

「被災地へピアノをとどける会」

渋谷由美子

あの震災からまだ4か月が過ぎたばかりなのに、このところの連日の猛暑には、あの雪の降った寒い日はもう過去のこと、昔のことであるかのように錯覚してしまいます。

震災直後は、ヴァイオリニストの私はなんて役に立たない職業をやっているのだろう、生きていくのに私のような音楽をする者は必要ないんだ、という思いが込み上げてきて、あの寒い中一人でろうそくの光を見ながら、もう這い上がれないのではと思うくらい落ち込んでしまいました。そのうち電気が復旧し、気候も暖かくなり、時間もたっぷりあるようになったのですが、今度は仕事が全部なくなり、モチベーションが下がるところまで下がり、全く練習する気にならなくなりました。そうこうしているうちに、九州の叔父から、「福岡でチャリティーやらないか、弾くか？」という電話をもらいました。私はうれしくて、うれしくて「弾く、弾く！」と思わず叫びました。私はこんなに演奏したかったんだ、弾くことが本当は喜びだったんだと気づき、いつもは何となく過ごしている日常を反省し、心から叔父に感謝いたしました。

その後、あるお医者さんから「歌津（宮城県南三陸町）で演奏してくれない？」と言われ、「もちろん！ 喜んで」と承諾いたしました。しかし、私の言葉を信じないで、何度も「ほんとうに？」と聞かれました。本当だとわかると、その後の準備はすばやく、1週間後には歌津の泊浜というところに、レンタカー2台で、応援物資、20食分のお昼、電気ピアノを積んで出かけました。

演奏を始めたときは、皆さんまだ表情が硬く、なかなか打ち解けていただけませんでした。しかし、聴衆のお一人から、海でもう一度仕事をしたいから海の曲をというリクエストをいただき、海の曲を演奏するうちに、皆さんの表情が柔らかくなってきました。そのとき、小学2年生の女の子が、電気ピアノで一曲弾きたいと言いだし、ピアノに向かいました。もちろん練習をしていないので止まり止まりでしたが、私と一緒に行ったピアノの先生の助けを得て、最後まで弾き、皆さんが喜んでくれました。

「ピアノが弾きたい。ピアノが流されちゃった」というこの子の言葉に、私は、ピアノの先生共々心にスイッチが入り、「被災地へピアノをとどける会」を作ってしまいました。義援金を募り、ピアノを譲り受け、それを届けるというものです。先週、義援金を使って電気ピアノを1台購入し、東松島の保育所に届けました。保育所では、皆さん、新品が来たと飛び上がって喜んでくださったそうです。また、数人の方のところに、今から数日の内にピアノが届くはずです。

大変です、時間と手間を考えると。しかし、皆さんに手伝っていただきながら、この活動を続けていこうと思っています。

大学女性協会仙台支部だより『けやき』第三号（震災特別号、二〇一一年）より

震災50日後の美術館トーク

加藤光子

東日本大震災から50日余りの4月30日、震災の跡も生々しい水戸市の茨城県近代美術館で「日本の近代美術と茨城の作家たち」を鑑賞しました。千年に一度とも言われる大震災後で余震も多く、自然の猛威の下に人間の営みのはかなさに心しぼむことが多かっただけに、小一時間ほどの時間でしたが、豊かな心を取り戻したようなひとときでした。また、当美術館が外の彫刻が倒れた他は被害がなかったということも、駅南地区が大きな地割れや液状化による被害が甚大だっただけに、重厚な建造物であったことに畏敬の念を抱きました。

震災復興支援ということで、駐車料金も入館料も無料で、茨城支部総会に合わせてこうした企画に参加でき、感謝・感激です。着任後1年というフレッシュな学芸員永松さんの丁寧な解説案内の

下に鑑賞のポイントも伺いながら、横山大観や、自然とともに生きる人々や動物たちを描いた小川芋銭などの日本画家、中村彝らの洋画家の作品などを観てまわりました。本県出身の偉大な美術家たちの作品に触れる機会を持てたばかりでなく、初公開というパブロ・ピカソの「頭像」の素描も鑑賞できました。このピカソの素描は、当美術館で新しく収蔵された作品で、県民の方の寄贈によるものだということも、永松さんの説明がなければわからなかった作品です。高価で貴重な作品を寄贈されたのは、この美術館にかける熱い期待なのか、郷土愛なのだろうかと思いながら、茨城も捨てたものでないと誇りを取り戻した気がしました。

私が最も印象的だった作品は、水戸市出身の中村彝の「カルピスの包み紙のある静物」という洋画です。関東大震災後に描かれた作品でもあり、肺結核を患い、亡くなる1年前のこの絵には、静物が生きているように鮮明で、絵から飛び出してきそうな臨場感ある作品となっています。大震災という自然の脅威を体験した後に、自己の重い病と闘いながら生と死を見つめ、芸術に魂を尽くして表現しようとしたものは何か。作者の鬼気迫る生への執念だったのかと思いを巡らしました。

大学女性協会『茨城支部だより』二〇一一年度一号より

復興の日々に思うこと

井上典子

今回の震災には様々な関わりを持つことができました。私生活では物資や水の調達のため自転車をあちこちへと走らせました。また職場においては問い合わせ窓口や災害ボランティアなど災害関係の仕事に関わることとなりました。目の前の課題に夢中で対応していると、何も考えることができないままに、一日があっという間に過ぎていきました。

その中で出会ったものは数えきれません。どうにもならない事態への恐れや不安。いつ終わるともしれないことへの疲れや怒り。苦境を乗り越えようとする明るさやたくましさ。つらいなかでも相手を思いやる優しさ。繕う余裕などない状況の中、人々の思いや感情が素朴に立ち現われる場面に立ち会い、震災に対する受け止め方が一様でないことを直接肌で感じる日々でした。

普段であれば心にとどめることさえなかったであろう、ささやかな事柄でさえ、鮮烈に心に響いてきたことを覚えています。折にふれて当時の様々な光景が、心の中にふっと浮かんできます。それらをひとまとめにして語ることは、私には手に余ることのように思われます。しかし一つひとつを思い返すことで、今気づくことも少なくありません。

幸いにも平穏な生活を取り戻しつつありますが、ものを考える視点は以前とは明らかに変化しました。当たり前に思っていた日常が震災によって大きく揺さぶられたという経験は、私にとってそれだけ衝撃的なものでした。この先も乗り越えなければならない問題は多く、震災が投げかけた日常の在り方という問いにこれから何度も向かい合うことになるでしょう。生活、周囲とのつながり、社会とのかかかわりなど、問いかけられたものに丁寧に応えながら、復興の日々を過ごしていきたいと思います。

大学女性協会『茨城支部だより』二〇一一年度一号より

石巻市、東松島市の5年後

佐々木澄子

２０１５年5月20日、大学女性協会の仙台での全国総会出席を兼ねて大学時代の寮の友人たちと石巻、東松島市の被災地を訪問した。石巻駅よりマイクロバスをチャーターし、元石巻の小学校の教員だった石垣好春氏の案内の下、石巻市立釜小学校、日和山公園、門脇小学校、大曲浜、定林寺、宮戸島と被災地を巡り、夕方近く宿泊の松島海岸「小松館」に着いた。

被災して5年経った石巻市は復興のトラックが行き交っていたが、傷跡は生々しく、津波の通り抜けた家のカーテンが風に吹かれている光景は目を蔽うばかりであった。釜小学校は24名の児童が犠牲となったが、波は門柱の高さまで来たという。しかし、5年後の校庭には元気に走り回る生徒たちの姿があった。大曲浜地区の海岸は防潮堤の嵩上げ工事の真っ最中であった。浜近くの住民は多大な被害を受けており、犠牲者の慰霊碑には一族で犠牲となった同じ名字の名前が連なり、涙を禁じ得なかった。

今回の訪問で特に印象的だったのは、東松島市の宮戸島にある貞観の碑である。１０００年前の大津波の際、松島湾からの波と海（月浜）からの波が両方から押し寄せてぶつかったという地にある石碑である。貞観三年（８９３年）に建てられた小さな石碑であるが、先人の言い伝えを守って、役場や小学校は石碑より高台にあり、今回の大津波の際には村人たちは一斉に小学校に避難して、千人ばかりの村民のほとんどが助かったとのことである。

2011・3・11　記憶のアルバム

あのとき、私は

大正生まれの母は強かった

藤谷文子（東京）

その日私は渋谷にある大学の同窓会館で仕事をしていた。その時地震は起こった。とるものもとりあえず外に出てタクシーを拾い（まだ拾えた！）、先ず考えたのは97歳のひとり暮らしの母のこと。運転手に「中目黒、そのあと杉並まで」と命令調に言ってしまった。

たまたま中目黒の歯医者に行っていた夫も即思ったのは母のことだったらしく、タクシーで母のもとへ行っていた。母の家の玄関で男物の靴をみてビックリしたが、夫のものだった。夫と50年も共に暮らしていると思うことは同じらしい。

「お母さま、杉並につれていくわよ。タクシー止めてあるから」と言うと、母は「何言ってるの、私は関東大震災を経験しているのよ。こんなの大丈夫、早く二人は杉並へ帰りなさい」と言う。耳を貸さない母に戸惑いつつ、私たちは5時には杉並に帰りついた。その母は、おととし１０６歳の天寿を全うした。東日本大震災は、大正生まれの強かった母の思い出と重なっている。

家族の帰路のこと

嶋田君枝（東京）

娘の話：六本木にあった会社では非常用に備蓄してあったスニーカーが支給された。徒歩で帰ることに。人が多く、いつもは20分で着く渋谷まで40分かかった。渋谷を19時30分出発、井の頭通りへ。途中で歩きにくくなったのでコンビニでソックスを買った。デパートでは、無料でフリースの毛布を配っていたので有難く頂いた。

ふつうの家の人が「トイレどうぞ」と声をかけてくれたり、チョコレートや水をくださったり。母に、吉祥寺あたりでピックアップしてもらえるよう車での迎えを頼んだ。

母親（私）の話：近くの五日市街道は車が渋滞し

てまったく動かず。ふだん運転をしない人たちは裏道がわからず主要道路を使うしかなかったのだろう。裏道を行ったら車はゼロ。いつも通りの時間で吉祥寺着。携帯は15回くらいかけてやっとつながる状態。日付がかわった0時30分ピックアップ成功。

息子の話：神田にある会社から社用車で自宅が多摩方面の社員4人で18時に出発。3時間たっても渋谷を抜けず。自宅に帰り着いたのは、翌12日明け方の4時だった。

婦選会館で一夜をすごして

房野　桂（東京）

地震が襲ったのは、代々木の婦選会館で国際婦人年連絡会の常任委員会が開かれている最中でした。「耐震工事をしたばかりだから大丈夫！」という山口みつ子さんのお言葉で一同落ちつきましたが、電車が動かず、横浜の我が家に帰れずに婦選会館で一夜を明かすことになりました。久保公子さんや有権者同盟の皆様に親切にして頂き、翌日我が家に帰りつきましたが、横浜の我が家は棚から物が落ちることもなく無事でした。しかし福島の惨状には胸が痛みました。

靴が歩きやすかったお陰で

木村和子（東京）

震災当日は渋谷の大学同窓会館での委員会に出席していた。会の終了のタイミングで大きな揺れが生じ、私は夢中で母校の学祖の肖像額を教卓に下ろし、外に飛び出した。

向かった渋谷の陸橋から見える高層ビルの揺れの大きさに、どれ程の地震なのかと恐怖を覚えた。

甲州街道を職場から徒歩で帰宅する沢山の人たちに混ざり、杉並の我が家に向かった。

無事に帰宅できたのは、当日履いていた靴が歩きやすかったお陰で、長距離も助けられた。気付いたことの一つである。

帰宅難民になって

矢島多恵子（東京）

地震が起きたのは銀座で友人6人とランチを終え、エレベーターを待っている時でした。階段で一階に降りると銀座通りは人々で溢れていました。向かいのビルの窓ガラスが割れ地面に落ちていまし

2011. 3.11　記憶のアルバム

た。余震で倒れそうになりながら新橋まで歩き、バスに乗りました。ところがすぐに動かなくなりました。私たちは動かないクルマの間を縫うようにして、ものすごい人波に混ざって、夕闇迫るなか車道を渋谷に向かって歩いたのですが、その異様な光景は今でも忘れられません。

公衆電話はどこも長蛇の列、1時間半待ってやっと家族の安全を確認することが出来ました。電車の開通を待って帰宅したのは夜中の1時半でした。東北の悲惨な被害を知り胸が痛みました。ケータイがまったく用をなさない経験から、以来、テレホンカードを財布に入れて持ち歩くようになりました。

いちばん困ったこと　溝渕ひろ子（東京）

東京駅そばの仕事場から自宅まで歩きました。16キロメートルの道のり4時間でした。いちばん困ったことは家の者に安否を知せることができなかったことです。ケータイは通じず、道々の公衆電話は長蛇の列。道沿いのビルの管理事務所は規則を楯に電話を貸してくれません。地震から帰宅までの5時間余り家族はどんなに心配したことか。

長距離を歩くのに耐える靴だったこと、家まで歩く最短経路が頭に入っていたことが幸いでした。

高層ビルのウィークポイント　鷲見八重子（千葉県）

私が勤めていた大学は千葉県市川市にあり、18階建ての研究棟11階の研究室からは江戸川の向こうにスカイツリーや都心の高層ビル群、晴れた日には夕日に浮かぶ富士山をのぞむ抜群のロケーションで気に入っていた。東日本大震災の日は春休みであった。翌々日であったか、1週間後に卒業式を控え登校すると、エレベーターが動かない。11階まで上り下りするのは、翌年に定年をひかえた運動不足気味の老体にはかなりハードであった。大学事務局は2階にある。書類を抱えて登る途中、階段にけつまずいて大事な書類をぶちまけた。卒業式は講堂の壁崩落のため中止となり、ちょっと汚してしまった書類は、幸か不幸か学生たちに渡さずじまいである。

甲州街道にあふれる帰宅者の群れ

窪田憲子（東京）

地震当日、娘と夫からはそれぞれの勤務先に泊まるという連絡が入った。しかし、息子は3歳の幼子を持つ身なので、何が何でも調布市の自宅に帰らなければと、午後4時近くに日本橋の会社を後にした。電車は止まっているから当然徒歩での帰宅である。途中でようやく空のタクシーを見つけ乗り込んだが、渋滞がひどくてまったく前に進まない。仕方なくタクシーをあきらめ、また徒歩で歩き始めた。夜9時近くになって息子からＰＨＳの電話が入り、そのような状況が伝えられた。私は、5時間近く歩き続けている息子のために車を出し、自宅近くの甲州街道で拾って、彼の家まで送り届けることにした。

待ち合わせ場所の桜上水（新宿から電車なら十分ほどのところである）に行ったとき、私の目に入ったのは、甲州街道の歩道を埋め尽くす、歩いている人々の群れであった。ふつう甲州街道といえば車の道路というイメージで、歩行者の姿はほとんど印象にないような通りであるのに、この夜はかなり広い歩道が人々で埋め尽くされて、しかも、全員が新宿を背にして、下り方向に歩いているのである。黙々と歩いている暗い影のような人々を見たとき、普段とはまったく違う、何か大変なことが起こっているということがひしひしと感じられた。

その後、スーパーの棚がほぼ全部空になるという物不足を経験し、計画停電の区域外だった我が家も電気を極力大切に使うため、暖房なしの生活を続けた。東京でも人々の日々の営みが大きく崩れた毎日が続いたが、あの夜、家を目指して甲州街道を歩く大勢の人々の姿が、その始まりを示すものであったように思う。

明治神宮に泊まった夜

庄司ヨシ（東京）

日本庭園協会の総会が明治神宮文化館で予定通りすすんでいた。表彰式に差しかかった時、突然大きな揺れが。机なし椅子のみの会場にいた私たちは、係員から、この会場の出入口近くの天井のライトが落下したので急いで庭に移るよう指示された。まだ地面が揺れている中、約70人の出席者は庭におり、うち３分の２ほどは自家用車で帰路についた。

私ども十数人の中の１人が神宮本庁に知己があり、電話で事情を話した結果、広大な神宮庭園の中にある他会場に移ることが出来た。毛布、寝袋などの用意がされており、夕方にはおむすび２個とお味噌汁まで頂くことが出来、一同心から感謝した。

床の上の寝袋のみで、ひと晩ほんの短時間しか眠れなかったが、翌朝、会員の娘さんの車で無事自宅に帰ることが出来た。途中街の中の様子は静かで、クルマも人通りも何時もと変わらないようであった。それまでテレビ等は見ることが出来なかったのが、次第に東北の大災害がわかってきて、現地の人々のご苦労に申し訳ない思いがわいてきた。明治神宮の安全な建物で過ごすことが出来、いろいろな方にお世話になったことに感謝しかない、忘れられない日になりました。

崩れた石灯籠

佐々木澄子（神奈川県）

３月11日、私は住んでいる東急東横線日吉駅前の銀行に出かけていた。そのとき、銀行の建物はひどく揺れ、ロビーマンが「窓から離れて！ソファーの横にしゃがんで！」と叫び、指示に従った。外に出ると、辺りの商店街は停電で、デパートの４階の駐車場まで駆け上がり、信号機の点滅のない道路を家まで戻った。

わが家では夫は庭にいて、電線が波打っていて切れるのではないかと恐怖を感じたとのこと。４個ある石燈籠のうち３個が飛んで崩れ、怪我がなく幸いであった。母は通いのお手伝いさんと柱に掴まり震えていた。お手伝いさんをバスのある新横浜駅まで車で送ったが、帰りは夕闇となり、信号機の作動しない道の運転が不安だった。家の近くまで戻るとその辺りは停電ではなく、電柱の灯りも点いていて、ホットしたことを今でも覚えている。

からだの急変と思いきや

西村寿美子（神奈川県）

私は、とあるビルの出口を出ようとしていた。すると突然、体がふらついて我が身の急変を自覚した。自動のドアは開かず、男性が無理やりこじ開けて外に出ることが出来た。広場の手すりにつかまりふらつく体を支えていると、私より明らかに年配であろうとお見受けする女性が私にしがみついてきた。自分の体の急変であると思っている私は、言葉もなく、ただその方の手を握りしめるだけであった。

ふと眼前に聳え立つビルに目が行くと、ゆらゆらと左右に揺れているではないか。その時、私のふらつきは体の異変ではなく、地震という緊急事態であることが解った。ようやく普通の会話ができるようになり、その女性とお互い気をつけて帰りましょうと言って帰宅した。

『脂肪の塊』そのままの光景

小合　忍（東京）

成城学園で立ち往生をしているとの夫の連絡を受け、自宅近くでようやく拾ったタクシーで向かった成城学園のタクシー乗り場には、夫の他に同じ事情を抱えた同方向へ向かいたい40代～50代の男女３人がいた。夫が義侠心から相乗りを申し出た。夫は助手席、私はドアから一番奥の席。３人は各々それなりの地位で仕事をしているらしいが、乗り込んで、安堵の気持ちの次に彼らに生じたのは利己心と狡猾さ？だった。車内で繰り広げられたのはモーパッサンの『脂肪の塊』そのままの光景なのであった。車のドアが開いた途端、それまで団結していた３人は一言も言わず散り散りに走り去った。運賃の支払をする私たちを置いて。運転手の高潔さには感動した。そして『脂肪の塊』が人生の手引書の如く思い出された日となった。

夏みかんの木の下で

児林英子（東京）

ガタガタと揺れた瞬間「逃げ口を探さなければ」と考えました。戸を開けて庭へ飛び出し、夏みかんの木の下へ隠れました。すると、ちょうど熟していた夏みかんが、揺れにまかせて頭をめがけるかのように襲って来ました。長い揺れでした。

ガソリンの残量が少なくて困った

中村礼子（神奈川県）

震災当日は電車がストップし、道路も渋滞して多くの同僚が帰宅できず職場で一泊した。職場に備蓄されている非常食、飲料水などが初めて本来の目的

2011. 3.11　記憶のアルバム

に役立ったのはよかった（平常時は賞味期限前に配布され各自が持ち帰る）。ライフラインに支障がなく、水洗トイレや暖房も機能したことは本当にありがたかった。

困ったのは、帰宅して数日後のことである。給油しようとガソリンスタンドに行くと、どこも車の行列ができており、ほどなく供給不能となった。ガソリン残量が4分の1ぐらいしかなかったため運転はあきらめ、買い物は歩いて出掛けることになったが、重い荷物を丘の上の我が家まで毎回運ぶのはきつかった。それ以来、給油は残量2分の1になったら早めに行なうようにしている。

瓦屋根は瓦解、ブロック塀は倒壊

幡谷哲子（茨城県）

・市の駐車場に入場した時、他の車がドリフトし、地面から浮いて走っているかのように見えた。
・街灯がパンパンと音をたて壊れていく中、必死にハンドルを握る。
・至る所で瓦屋根は瓦解し、ブロック塀は倒壊した。
・水道も電気もストップ。昔ながらの炭で調理。炭は茶道が趣味で沢山所有。明かりは仏壇用の物。トイレの水は浴槽の水。夫の主義で常に水を入れていた。
・食料は米があればどうにかなります。

お風呂の残り湯が活きた

高坪冨美子（茨城県）

ドスン、グラグラ。まるで性能の悪いエレベーターに乗って下に落ちた様な感じになった何日かでした。大きな揺れにただならぬ気配を感じ、あわててテレビをつけたら、東北のほうは大きな津波の襲来、恐怖でした。私の所は津波こそありませんでしたが、次の日から断水。給水車の給水でタンク1杯もらえて感謝しましたが、記憶に残るのは、何といってもお風呂の残り湯がいろんなことで重宝したことです。日々の生活の知恵、こんな細かなことでも「たすかる物」です。

分け合って食べた一斤の食パン

飯田久子（茨城県）

その日市役所に勤務していた私は、地震の後、日赤や県からの支援物資の受け取りや積み替えの仕事に追われました。夜も大分更けた頃何も食べていないことに気づいて、私が翌日の朝食用にと買っておいた一斤の食パンを職場の皆と分け合って食べました。バターもジャムもない食パンでしたが、その美味しさは今も時々思い出します。

ワインのビンが割れて

安　久子（茨城県）

外の会合に出ていた時だった。20分くらいで帰宅出来る場所なのに3時間もかかり、その間カーラジオをかける気も回らず、パニック状態でした。

3階にある家の中は、観音開きの家具や冷蔵庫など中身が全部出て散乱し、ワインも割れ、酒の匂いがすごい状態でした（以後、家具等には留め金をつけました）。水道も止まりましたが、お風呂の水が残っていたので、トイレが助かりました。

2週間続いた断水

小林れい子（茨城県）

地震後すぐに防災無線から「今から断水します」と流れてきました。蛇口をひねると水が出ましたので、急いでお風呂の水を満タンにし、水が入るものにはすべて入れました。その後、2週間ずっと断水のままでした。

東名高速を西日本から救援隊が次々と

鷲崎千春（静岡県）

転居先の静岡で、入院している母を見舞った時だった。みんな病院のホールに集まり、テレビに映る広い駐車場に車がプカプカ浮いている光景に釘付けになった。院長先生から「ここに居るのがいちばん安全、しばらく留まって」とお声掛けがあった。

東京の家の様子も心配になり、翌日、東名高速上り方面に向かった。隣のレーンは岡山や九州ナンバーの消防車、救急車が連らなっていた。きびきびした隊員の行動が本当に頼もしく、どうぞお願いしますと、只々祈るばかりだった。このあとすぐ、東名高速も閉鎖となった。

出張先の大阪で

加藤恵津子（大阪）

出張先の大阪にいた時でした。クラッと揺れを感

2011. 3.11　記憶のアルバム

じ、自分のめまいかと思いました。午後6時頃、ホテルに帰ってテレビをつけると、大津波の映像と、その割に少ない死者の数（「老人ホームで６人」など、被害が大きすぎて全容がわかっていなかったのでしょう）が報じられていました。翌朝、カナダ人の友人からは「生きてるか」との電話、埼玉の母からは「大阪で食べ物を買って帰れ」とのメール。

以来、冷凍庫には必ず余備の食パンを入れ、車のガソリンは半分になったら給油しています。

到着した成田空港の不気味な静けさ

横須賀典子（海外旅行中）

トルコ旅行の最中でした。一行の中にお一人スマホを使っている方がいて、日本ですごい地震があったことを知りました。家へ電話しましたがつながらず、親戚中にかけまくりました。11日の午後8時すぎ（日本時間で）従姉の一人と連絡がとれ、母と姉の無事を知ることができました。3月16日の朝の成田空港、人っ子一人いない、あの不気味な静けさは忘れることができません。

第2章

阪神淡路大震災の記憶

1995年1月17日午前5時46分、兵庫県で

——亡き妹への手紙

三木谷節子

弘子さんへ

早いもので貴女とお別れしてから10年になります。「災害は忘れた頃にやって来る」と昔の人から聞きましたが、これも、時代とともに変わったのでしょうか？ このところ、台風、地震と本当に息をつく間もありません。新潟中越地震のテレビのニュースを見ていると、10年前の、私たちの近辺の光景が脳裏にまざまざと甦ってきます。

弘子ちゃん本当にごめんなさい！ あれから私は何度も何度も悔やんでいます。1月17日5時46分のあの20秒程の激震で、純日本家屋の屋根瓦、膨大な量の土、二階と一階の天井が一気にあなた方二人の上に崩落してきて、貴女は身動きできなくなったのですね。ご近所の方々がご自分のことを顧みずに懸命に、つるはし、ショベルなどを持ち寄って救出してくださって、お昼前には貴女の笑顔を見て、皆手を叩いて喜び合ったと聞いています。救急車がないので、パトロールカーで須磨病院に運ばれたということですね（夫の弘行さんは即死のようだった）。それから貴女が息を引き取るまでの数時間、ごった返した病院の片隅で、たった一人で家族も親兄弟も、友達も知り合いも貴女のそばにいず、どのようにしていたのでしょう。なぜ駆け付けて、そばに付いていなかったの

だろう。安否さえわからないあの状況では無理だったのですが、やはり悔やまれてなりません。ごめんなさい！

貴女は、あの年の1月1日、60歳になりました。還暦のお祝いに、普段はプレゼントとは無縁であった弘行さんから高級服地をもらい、よろこんで見せてくれましたね。どんなデザインがいいかと悩んでいましたね。生地のままだったけど、一緒にお棺に納めましたよ。貴女は、自分の長男の結婚を気にしていたけれど、彼は千葉に転勤、素敵な女性と巡り合い結婚、新家庭をつくりました。長女も、やさしい夫と娘2人（中一と小四）に囲まれて幸せに暮らしていますよ。みんな、お盆、お正月には、帰神してあなた方のお墓参りをしています。須磨のあの家は、取り壊してマンションにしています。以前にはよくピンポーンっと鳴らして上がり込んでいたお家がないのは私には寂しいけど、貴女のいない今となっては、これも世代交代なのですね。震災直後には立派な松や檜のあるお庭は残ってましたけどね。

今年8月末には母が96歳で他界しました。震災以来、「弘子は？」とか「弘子は死んだんだね」とか繰り返し尋ねていましたが、なかなか納得できなかったようでした。きっと貴女の分まで長生きしたのだと皆が言います。もうそちらで会われましたか？　貴女が所属し、歌っていた加古川コーラスは、市民会館大ホールで立派なレクイエムの会を貴女のために開いてくれました。その後もみんな頑張っているようです。あなたが打ち込んでいたカウンセリングやボランティアの活動もますます盛んのようです。写真、洋裁、手芸など貴女はなんでも上手でしたね。あなたの作品は大切にとっています。よいお友達、家族にも恵まれて幸せな一生でしたね。

私のほうは、夫は定年、長女は3人の子育てと内科医の仕事で多忙です。長男は、スウェーデンで子供を育てながらの研究生活。震災時には真っ先に東京から飛んできて、手際よく手伝ってくれた次男は、その後あの経験から「一回きりの人生、悔いが残らないようにしたい」と銀行を辞め、楽天を創業、いまちょっとした時の人になっています。弘行さんや貴女によく可愛がってもらいましたね。私は大学女性協会神戸支部、地域のボランティア活動などなど、元気に暮らしています。

今の高齢者問題、テロや平和の問題、災害、環境などなど山積みする諸問題を貴女はどう見ますか？ 母と3人で行った海外旅行、国内旅行、三宮、元町のショッピングなども遠い昔の思い出になりました。あの時貴女を看取れなかったのは残念ですが、これも神様の思し召しでしょうか？

大学女性協会神戸支部『その後の十年』（二〇〇五年発行）より

築120年の我が家が、一瞬のうちに

岡田貴代江

私の個人的な体験に基づくものですが、震災当時のことを二つの面から振り返ってみたいと思います。一つは震災後の厳しい状況のどのように対応していったかという物理的な問題です。もう一つは人間が逆境にあるとき、なくてはならないもの、精神的な心の支えといったものについて私の体験したことをお話しさせていただきます。

震災当日、我が家には私と夫と次男と91歳になる夫の母がおりました。築120年の我が家は震度7の激震に耐えられず、一瞬にして崩壊いたしました。私どもの直ぐ前で、鉄筋の家に住まいし

ております夫の姉が丁度二階のテラスから見ていたそうですが、私どもの家はドドドド……という大きな音とともに、すごい砂煙を上げて崩れ落ちたそうです。一瞬にして崩れ去ったと申しましても家の端から端まで一様にぺしゃんこになったわけではなく、完全に押しつぶされた部分やら屋根が吹き飛んでぽっかり穴が空き部屋が丸ごと露わになった部分など色々でした。私どもの家族すべてが生と死と隣り合わせにおりましたが、唯一私の部屋だけがプレハブで建て増したものでしたので、ほとんど無傷でありました。私どもは、ほとんど被害のなかった夫の姉の家に、しばらく居候いたしました。とにかく毎日毎日食事をする時間も惜しいくらいでした。食事を済ませるやいなや外に飛び出し、押しつぶされた家の中から色々な物が飛び出している我が家の倒壊現場に駆けつけ、落ちている物の中からめぼしい物を拾ってくるという生活です。大事な物は姉の家に置かせてもらいましたが、大抵の物は庭にビニールシートを広げその上に並べました。夕方になるとその上にまたビニールシートをかぶせておくという具合です。

夫が息子の大学の運動部の監督をしております関係で、若い屈強な学生さんが大勢手伝いに来てくださいました。震災後１週間ぐらいだったと思います。家の下敷きになって影も形も見えない家財道具を皆で手分けして掘り出すというのです。「奥さん、何を掘り出して欲しいですか」と聞かれました。娘の着物箪笥を預かっておりましたので、まずそれを掘り出してもらいました。どの辺にありますかと聞かれ、ぽっかりとむき出しになっている居間の一部から見当を付けて、歩幅で測ってみました。「ここを掘ってください」と申しましたら、みんなでその部分の屋根瓦を取り除きその下の土を掘るのです。丁度その場所から着物箪笥が現われました。箪笥は裏返しに倒れておりますので、バールで桐の箪笥の裏側を叩いて破り、引き出しの隙間から着物を一枚ずつ引っぱり出しました。お袖のちぎれてしまった物もありました。無事取り出した着物も畳紙の中は砂だらけでした。湿気も含んでおりましたので、後に呉服屋さんに手入れをしていただくのに予想以上の費用がかかり「着物なんて捨ててしまえ！」と夫に怒鳴られたりいたしました。

真冬のことでしたので、いつも靴下は厚手の物を2枚くらい穿いていましたし、長靴を履いておりました。でも、一日中瓦礫の中を歩いていますと靴の中にはいつも土が一杯入っていました。軍手をはめている手も泥だらけでした。生まれて初めて手も足もあかぎれが出来、泣かされました。お見舞いにハンドクリームが何より嬉しかった記憶があります。とにかく日本家屋は土をたくさん使ってあるのだと思いました。

毎日体じゅう砂だらけで、お風呂に入らずには寝られないのです。池田市にアパートを借りて毎晩お風呂と洗濯に通いました。洗面所の被害が軽かったので洗濯機も乾燥機も無事でした。両方ともこのアパートに設置し、毎晩フル回転で洗濯しました。車も運良く庭に置いていて無事でしたので、毎晩家族全員車でお風呂に通いました。帰りは渋滞で3時間から4時間かかりましたが、それでもお風呂に入らずにいられませんでした。

今こういったことを思い出しますと、本当によくあのような厳しい生活に耐えられたものだと思います。当時は悲しいとか苦しいとか絶望的になったことなど一度もありませんでした。人間の生きる力の素晴らしさでしょうか。「あの予期せぬ震災という不幸に、もし何か幸せを見いだせるとしたら、それは人の心の温かさに触れたこと」という思いですね。それは震災を体験したすべての人が感じたことではないでしょうか。そして、その人間の心の温かさが逆境にある人間をどれだけ大きく支えることになるか。私は誰よりも強くそれを感じ、誰よりも強く人の心の温かさに支えられてきたように思います。大勢の友人知人から数え切れない親切を受けましたが、心に残るのは贈り物の大きさではありませんでした。実家に帰りました時、母から「だれそれさんが貴代江さんは大丈夫だったのでしょうか？と尋ねてくださったわよ」と聞いただけで、胸が熱くなり不思議に力が湧いてくるように感じたことを、今でもはっきり覚えております。当時電話が通じませんでしたので、東京の娘の所に世界中の私のお友達から問い合わせの電話が掛かってまいりました。自分の身を案じてくれる人が世界中にいるんだ！と知った時の、あの感動がどんなに勇気を奮い立たせ、自分を支えてくれたことでしょうか。

人間はいつどんな災害に直面するか誰にも予測できません。如何なる場合にも精神的な支え無しに不幸に立ち向かうことは出来ないと思います。人の温かさに触れた時、それは大きな精神的支えとなって不思議な力を生みだすということを私は体験したように思います。それを今でも強く感じておりますし、生涯忘れることはないと思います。

大学女性協会神戸支部『その後の十年』（二〇〇五年発行）より

1分弱で変貌した、まわりの景色

松村和子

私の住んでいた地区は、１００人余りが犠牲になられたということもあり、開発地区（県、国）

土地区画整理（市）に指定されました。震災で家が潰れて原っぱになったので、このあたりの家はみな今年で築2〜3年ということになります。

あの日、突然の揺れに驚いてすぐ外に出ると、電信柱が倒れ、電線が切れてだらりと垂れ下がり、前の家は一階が潰れて、二階から人が外へ飛び降りていました。埃っぽい荒んだ空気とガスの臭いが充満し、道路には家々が倒れてきて通れなくなっていました。家の中は、台所に割れた瀬戸物の山、家具が勝手に動き、机の脚が折れ、壁が一部落ちました。救急車の音が鳴り響き、たかが1分弱なのに、まわりの景色が一変してしまったのです。

当時中学生だった2人の子どもは姉に預けました。

ニテコ池（野坂昭如『火垂るの墓』の舞台）は決壊して水がなくなり、道が池に落ちて進めなくなりました。越木岩体育館の二階は避難者で溢れ、一階は畳に乗せられて運びこまれたご遺体の安置所になっていました。そのまま寝かされているご遺体がいたましくて、ショックでした。思わず手を合わせました。あの日に見た光景は記憶の淵にいつもあります。決して忘れることはないでしょう。周辺に火事はなかったのがせめてもの救いでした。電気は電信柱の倒れていない場所は当日開通しました。ガスは全国からガス会社が来てくれましたが、復旧には1か月ほどかかりました。水は近所に阪神水道局があったのでもらいに行っていました。

避難所での物資の配給は「平等」が基本と言います。「同じもの」を誰にも「同じ数」だけ配るのが平等なのでしょうか？　平等とは何を指して言うのか、考えさせられました。出来れば避難所のお世話になりたくはないけれど、避難所に行くしかない人たちもいます。女性や子ども、弱者へ、配慮に満ちた避難所であってほしいと願っています。

大学女性協会主催「災害を語る会」（二〇一八年三月三日）での発表より

家族が３か所に別れて暮らす日々

樋口由美子

まさか神戸で地震があるとは夢にも思わず、我が家では震災の前年に奈良から芦屋に引っ越してきたばかりであった。あの日、揺れが収まってすぐに窓の外を見ると、芦屋浜の高層マンションは見た目もそのままで、我が家の近くの景色はあまり変わった様子はなかった。

飛び起きて３人の子供の名前をそれぞれ大声で呼んで無事を確認するが、長男は本棚が倒れてドアがふさがれて出られずベランダ越しに弟の部屋から出て来た。一階で寝ていた母も含めて我が家の６人は無事であった。しかし台所は悲惨で、食器棚が開き戸だったのでほとんどが落ちて散乱して足の踏み場もなかった。フローリングの寝室はテレビや箪笥は皆数十センチ移動していた。これが畳やカーペットだったらベッドのほうに倒れていて下敷きになっていたかもしれなかった。事実、息子たちの部屋はカーペットを敷いていたので、本棚が倒れてあらゆる物が散乱していた。電気はしばらくして復旧したが、水とガスがなかなかで、そのうち復旧するだろうと呑気に考えていた。しかし、テレビで阪神高速が倒壊した映像を見てびっくりしてしまった。芦屋浜の我が家はその現場から歩いて10分ほどの所だが、芦屋浜の中は目に見えた倒壊家屋などはなかったので、事の重大さに気づかなかったのである。

水は間もなく給水車が来てくれ、食料も直前に大型の冷蔵庫に買い替えたところで十分あったが、トイレがつまってしまい、どうにも生活できなくなってしまった。それに、おかゆしか食べない高齢の母にはレンジでチンの食事が無理で、すぐに三重県に住む夫の妹の所に、大学4年生の長男をお供に避難させることにした。1月20日、残り少ないガソリンで、スタンドが開いているあてもなく、決死の覚悟で阪神の甲子園駅までやっとのことでたどり着く。宝塚の姉宅はガスは出ないが水は出たので、残りの子ども2人と私はそこにしばらくお世話になり、夫は勤めていた大阪の南部の病院に泊まり込むことにした。出勤するよりは泊まり込んでいたほうが楽だったのだ。なにしろ、バスが途中で止まって引っ掛かった状態で助かったあの阪神高速を、夫はふだん朝の8時頃には通勤のため走っていたのであるが、現在、高速は通行止めになっており、毎日の通勤ルートを変えるのに大変な思いをしていたので。

姉宅に落ち着いたが、とにかくお風呂に入りたかったので、急遽、大阪まで行って泊まれるホテルを探して一泊することにした。だが、大阪に行ってびっくりした。まるで普通の生活がそこにはあったのである。それまで我々は余震が怖くてずっと同じ服を着て寝起きしていたし、そのままの格好で大阪までリュックを背負って出てきた。服を着替えるという感覚がなくなってしまっていたのだ。私は、まるで浦島太郎のような気分でネオンサインが輝く大阪の夜の町を眺めた。当時次男は阪大に通っていた。神戸の震災など関係無いことのように次の日には大学での試験が行なわれ、勉強できる状態にない次男は大変だったようだ。

しばらく母が暮らす三重と、私たちが暮らす宝塚と、夫が起居する病院とで、3か所に別れての生活が続いたが、1か月弱で芦屋にガスが復旧したので、皆自宅に戻ることが出来た。家も数ミリの傾きだけで済んだ。しかし家から芦屋の市役所までの15分くらいの間に、あっちこっちで家が潰れていて、牛乳ビンにお花が飾られているのを見ると涙がとまらなかった。

このような経験を経た私は、常にベッドのそばに倒れるものを置かないようにと、今では仕事で家を出た子どもたちにも、折あるごとにやかましく言っている。

大学女性協会神戸支部『その後の十年』（二〇〇五年発行）より

その後の10年

根づいたコミュニティ活動　震災後10年を迎える宝塚

杉本和子

市制50年を迎えた観光都市宝塚は、南北に伸び、南部市街地に人口が集中。このたびの大地震では災害援助法を受ける被害となった。その後、1996年から継続して行財政改革に取り組み、災害復興事業市街地再開発事業4地区の完成、防災防犯課の新設など、災害に強いまちづくり、また、各小学校区のまちづくり協議会、市民参加のまちづくりを進めている。

宝塚市の死者118人（1996年6月4日現在）、重傷者60名、軽傷者2141名。当日亡くなられた77名の多くは圧死。世帯数の38パーセントが被害を受け、解体された家屋は4600件認定。避難者は、最多時1万5600人近くになり、小・中学校や公民館などにあふれた。南部市街地の68パーセント約5万戸の水道が断水。避難所ではトイレの水も流せずにあふれている現場を見て、プールの水が役に立つことを知り、家庭なら日頃から浴槽に水をためておくことだと思った。ガスの89パーセントは地震発生と同時に南部市街地で供給を停止。簡易ガスボンベがあっという間に売り切れた。仮設住宅は市内に34か所、隣の三田市に2か所、総数1万742戸用意された。1戸当たり25平方メートルで六畳、四・五畳、バス・トイレと流し台。夏暑く、冬寒い仮設住宅は高齢者に厳しいものがあった。

ライフラインの復旧には全国80の都道府県市町から延べ約3500名の職員の援助があり、救援物資は市役所のホールに山積みされた。建築家村野藤吾の作品である市庁舎は、吹き抜けのホールが物資の搬入に非常に有効だった。大震災が起こるまでは、昼休みにコンサートが開かれていた所だ。地震で潰れた駅前の再開発では、公益施設の中に大きな広間が造られた。毎年1月17日には防災総合訓練を行なっている。防災マップの全戸（7万）配布や災害の場合の情報には、FM宝塚も一翼を担っている。電気、ガス、水道のライフラインが無事であった福祉総合センターの調理室で持ち寄りの炊き出しが始まった。大鍋や給食用のバケツを炊き出し用に貸していただけたのは幸いだった。被害のなかった北部地域から野菜が届き、各地からの救援物資があり、震災3日目からは、800食もの汁物を各自の車で、やがてカーボランティアにより、毎日12~13か所、延べ26か所へ配達。2月中旬には、各公民館のライフラインがほぼ回復。夫々の拠点で炊き出しが出来るようになった。炊き出しボランティアの人たちと社会教育課、福祉推進課が中心になり、3月より全面的に市の救援物資を中心にした炊き出しが始まり3月末まで続けられた。震災直後は一人ひとりの自主的な行動が集まって形になっていくということを体験した。小さなおにぎり一つから行動を起こすことの大切さを感じた。

宝塚市では、震災後あらゆる分野のボランティア活動が盛んになっている。まちづくりには、防災の考えを十分に盛り込んでおくことが大切で、日常活動が活発なコミュニティは、いざというときに相互が助け合う力を持っていると確信した。メンタルな部分では、仮設住宅に住む市民の6割が体に変調をきたした。とくに50代の３人に１人が身体異常を自覚。私も軽い閉所恐怖症になったが、個々が自律し、人と人との穏やかな関係を保つということで救われる部分が大きいと感じている。自律のためにはまちづくりを行政だけにまかさずに、災害時にも人間らしい生活が出来るように日頃の防災学習が、地域住民の務めでもあると思う。

宝塚大劇場も被害総額40億と大変な被害を受けたが、震災後の3月末には再開され、武庫川沿いの旅館は一部閉じられ昔の面影は消えたけれど、新しく宝塚温泉ナチュールスパ宝塚が営業している。ぜひコミュニティ活動の活発な宝塚のまちをみていただきたい。

大学女性協会神戸支部『その後の十年』（二〇〇五年発行）より

朝の時間が止まった記憶は今も鮮明なのに

加藤啓子

あの日の朝の時間が止まったような衝撃的な記憶が鮮明に残っていて、その後の10年と問われると、10年も経ったのかと思ってしまいます。改めて考えてみれば、当時大学生で東京にいた娘は結婚して海外での定住者になって既に2年が経ち、震災後も元気に若々しく活躍していた母は脳出血の後遺症で介護を必要とする身体になって4年、我が家のミニチュア・ダックスフントが居着いて2年。決してあの記憶は昨日のことではないのですが……。

時とともに薄れる記憶と危機感の中で、新潟中越地震の被災地の惨状は、我が家の当時の惨状と重なり、またいつ地震災害に自分が遭遇するかもわからないということを実感させました。その後で、非常持ち出し袋を点検した私は、1.5リットルのペットボトルの水に貼られたラベルを見ておどろきました。賞味期限1999年12月となっているではありませんか。震災後4年まではきっと点検もし、入れ替えもしていたのでしょう。地震の度に「今度もう一度震度6の揺れが来たら、我が家はきっと全壊だわ」と呟いていたのに、慌しい日常生活の中で、私はすっかり忘れていました。直ぐに新しい水や氷砂糖、電池を買い求めて入れ替えました。合わせて、母のための介護用品の補充に車を走らせました。10年前の私は想像もしなかったことです。

私の「その後の10年」は、「がんばろう!」と言われても独りでは頑張れない人たちの存在に気づき、「がんばろう」と、言われてまだ立ち上がる力があったことへの感謝の10年です。

大学女性協会神戸支部『その後の十年』(二〇〇五年発行)より

西宮の今　もう10年も経つのに

松村和子

このところの新潟の地震で、忘れていた地震の感覚、怖さ、恐ろしさが思い出されて、地震のテロップを知らせる音がテレビから流れるたびにゾーッとします。

しばらく忘れていたのですが、いま、この西宮あたりを見ると、まだ震災の跡がたくさん残っています。私の住む阪急西宮北口の北東地区は、駅近のあたりは開発地区になり、土地区画整理地区になりました。平成16年の3月になり、地下に貯水設備がついた公園（高木公園）が完成しました。10月になって北口北東区画整理事務所が1棟解体され、まだ工事中ですが小さな公園になるとのことです。98パーセント完成したようですが、まだ道路を整備していて今日もあちらこちらで通行止めが続いています。

太い道が交差して新しい家が並んでいます。古い家がほとんどないのです。住宅展示場のような有り様です。道も古い道がわずかに残っているだけで、まったく新しい町、新しい地区が作り上げられました。古くから住んでおられる方は元の場所やその近く（整理事業所から割り当てられます）に家を建てられた方もおられますが、別の場所に移られた方もたくさんおられます。犬の散歩でウロウロして友達の家や知り合いの家を探すのですが、見つけるのが結構たいへんです。

もう10年も経っているのに、完成していない街づくり。なぜかまだビニールのかかっている家が1軒あります。地震を実感として感じませんが、この震災は私の生活にはまだまだ大きな影響を与えているのです。

大学女性協会神戸支部『その後の十年』（二〇〇五年発行）より

神戸の惨状から、はや10年

飯田嘉壽子

当時、私は神戸高校PTAコーラスに在籍し、毎週火曜日の午後が練習日であった。大震災の起きた日はちょうど火曜日で、明石の我が家も部屋の内部はグチャグチャで大変なものだったが、被害は神戸に比べると大した事はなく、早朝は「今日は、練習はたぶん取り止めだろう」などとのんびりしたことがチラッと頭をかすめたが、そのうち、そんなどころではなくなった。

震災から2か月以上経った3月22日に一度皆で集まろうということになり、震災後初めてJRに乗って三宮まで行った。車窓からは青いビニールシートで覆われた家々の屋根が見えていたが、須磨を過ぎると景色は一変した。家々の瓦は丁度魚のうろこを包丁でこそぎ取った時のように片側にザっと寄っていて家は傾き、これは大変なものだと改めて驚いている間もなく長田、兵庫と近づくにつれて景色は増々ひどく、すさまじくなっていった。焼け焦げた街が続き、ビルが真中からV字型に折れて沈んでいる。無惨にも崩れかけている、あるいは鉄骨をむき出しにして崩れているのを目の当たりにして、「どうしてこんなにひどい事に！」と心の中で叫んでいるうちに、被害に遭われた方々の心中を思うと、涙がにじみ出て止まらなくなった。車中は皆、現状に飲み込まれたかのようにシンと静まりかえり、ハンカチを目にあてる人も多々あった。三宮に着くと、阪急の出口あたりは完全に崩れていた。2番のバスに乗るため地下街を抜けて、すごい土ぼこりの中階段を上がり、一度フラワーロードに出て北に上がるという迂回路を通らなければならない。地上に出ると、予想はしていたけれども言葉にできないほどの惨状で、いつ来るかわからないバスを待つよりはとタクシーに乗った。タクシーの運転手が「神戸は戦災に遭ったんですわ、大阪に負けたんですわ！」とむきになって言うものだから、無茶苦茶な論理だなあと思いながらも、どこか当たっている気がして「そうですね」と相槌を打って、苦笑してしまった。

神戸高校の同窓会館の北隣の体育館は、当然の事ながら避難所になっていた。「男湯」「女湯」と書かれた紙が目を引き、ロープには洗濯物が干してあって、初めて避難所を見てショックを受けた。同窓会館に集まったのは８人だったが、歌うなどとはとんでもない事で、皆で椅子を持ちよって輪をつくり各々の無事を喜び、友達の消息を確認し合った。「住吉川で洗濯した」とか「10日くらいお風呂に入れないのは当たり前」と聞くたびに、私は皆に申し訳なく身の縮む思いがしていた。

３年程たってから、演奏旅行に行った岩手県盛岡市女性コーラスグループの方々から、震災後に何度もお見舞いの連絡を頂いていたこともあり、復興した神戸を何とか見て頂こうと、彼女たちをこちらにお招きした。そして「神戸松方ホール」で合同のコンサートをしたことも、今になれば懐かしい思い出である。

10年の月日は夢のように経ってしまったけれども、私にとっても激動の10年であった。先日、東灘に転居することになり芦屋の津知町辺りの家も探したが、まっさらな家並み、街並みを目にして、このあたりは随分被害が大きかったのだろうと思いを馳せる。また、新潟中越地震のニュースを見るにつけ、人知の及ばぬ天災はともかく、人間のエゴにより起こる様々な自然破壊、温暖化、汚染はなんとか止められないものか、と思わざるを得ない。今年の暑さは尋常ではなく地球温暖化を身にしみて知らされた。米国もロシアに続き京都議定書に批准してほしい。自然とのよいバランスを保つことしか、地球も人も健全ではいられないのだから。

大学女性協会神戸支部『その後の十年』（二〇〇五年発行）より

神戸復興10年の道のり

後藤安子

1995年1月17日――今もはっきりと覚えている。あの日の早朝、今まで体験したことのない強い地震を感じたが、いつも通りの時間に山陽電車に乗るべく駅に出かけたところ、交通がストップしてしまっていることを知り、ショックを受けて帰宅した。瀬戸内海沿岸の公共交通が寸断されてしまったため、それからはJR姫路駅まで行って播但線に乗り、福知山まわりで大阪まで通うという大変な不便を強いられることになった。寸断されていた山陽電車は夏の終わりには復旧したがあれから10年が過ぎようとしている。現在では、山陽電車は阪神電車と提携して、直通特急が姫路―梅田間を相互乗り入れしている。

震災後、電車の窓から眼に映る景色には、屋根に青いビニールシートがかけられ、空き地が点々と存在していた。それが徐々に新築の建物で埋まり、あるいは駐車場に変わっていった。しかし更地が残されている所もある。現在、神戸には、神戸空港建設や経済振興に向けてのまちづくりなど、市の財政をめぐって重要問題が存在しているが、神戸の街はあの時以来、復興に向けた地域住民の結束力が強くなったのではないかと思われる。NPOが立ち上がり、ボランティア活動も盛んになっている。震災後5日目の神戸新聞の「正平調」欄に語られていたように、多くの人々が希望を持ちつづけ、それに向けて努力や協力をしてきたからであろう。

日本海沖でオイル運搬船が沈没し、オイルが海岸に流出した時には、神戸からボランティア隊がオイル収集作業と海岸清掃のため現地に支援に向かったことも記憶に新しい。今回の新潟中越地震に、再びあの時の神戸のすさまじい場面がよみがえってくる。神戸の10年間の復興への取り組みが、新潟の復興に活かされることを強く願っている。大学女性協会神戸支部『その後の十年』（二〇〇五年発行）より

第3章

自宅を避難所にした経験

関東・東北豪雨／常総水害（2015年9月）

長谷川典子氏（元常総市長）にきく

はせがわのりこ*氏

*水海道市（現常総市）議会議員、茨城県議会議員を経た後、2008～2012年常総市長を務めた。常総水害の際、高台にあった自宅の寺は地域住民の避難場所となり、9日間、自宅を開放して避難所を開設した。大学女性協会会員。

2015（平成27）年9月に発生した台風第18号は、関東・東北に記録的な大雨をもたらした。鬼怒川は200メートルにわたって堤防が決壊、大規模な洪水が発生した。

常総市の面積のおよそ3分の1にあたる42平方キロメートルが浸水、広範囲が水没した。直接的な死者2名、災害関連死15名、負傷者40名以上、全半壊家屋5000棟以上という甚大な被害を受けた★1。東日本大震災の教訓を取り入れて2014年に竣工した常総市役所本庁舎も浸水し、非常用電源設備が屋外に設置してあったため使用不能になった。

鬼怒川が決壊した！

――鬼怒川の氾濫による常総市の被害状況はどんな様子でしたか。

4日ほど大雨が降り続いていたんですね。9月10日の朝、6時30分、テレビのニュースで鬼怒川の上流のほうが氾濫したことを知りました。さらに午後0時50分堤防が決壊し、私が知ったときには、すでに常総市の東側の石下(いしげ)

地区と水海道地区が浸水していました。水の勢いが非常に速く、あれよあれよという間に、常総市の３分の１が水浸しになってしまったのです。停電と断水もありました。私の住んでいる町は、水害前は５００世帯くらいあったのに、水害後は約１００世帯が、もうここに住めないと諦め、結局、他に移住していったほどです。

被害が大きく、混乱したのは夜中に肝心の市役所が浸水してしまい、警報を出すとか、避難を呼びかけるとかが出来なかったことがあります。避難が遅れ、救助が困難な状況でした。自衛隊の救援車が来たのですが、それも水にはまって動けなくなっていました。うちは寺ですから高台にありますので、午後にはご近所の方が避難して来られました。４時頃には家の下を通る道路のあたりも30～40センチの水（１００メートル離れたところでは1～２メートルの浸水）で、救助の小さいゴムボートで避難して来られた方もありました。

――溢水で水害が出たということですが、水は知らないうちに上がってきたのですか？

溢水[★2]の場所は常総市でも上流のほう（若宮戸）で、決壊したのは下流のほう（三坂町）でした。上流での溢水は朝方６時30分ごろですが、溢水の場所には堤防がありませんでした。そこは土が山のように盛り上がっていたので、

★1　2015年の常総市水害については、以下の資料に詳しい記録がある。
常総市水害対策検証委員会：平成27年常総市鬼怒川水害対応に関する検証報告書；わがこととして災害に備えるために. 常総市市民生活部安全安心課, 2016年.
山本晴彦, 他：2015年9月10日に茨城県常総市で発生した洪水災害の特徴, 自然災害科学, 34(3),171-187.

★2　溢水（いっすい）とは、堤防などがない場合に、増水した河川などの水があふれ出すこと。堤防やダムなどの高さを越えてあふれ出すことは越水（えっすい）と言う。

堤防の役目をしていたと思っていましたけれども、そうはいかずに溢水しました。

――その時に避難などの声掛けはなかったのですか?

そこが、いまだにはっきりしないところです。溢水は人災だということで裁判をしています★3。警報がはっきりしないというところに、市役所の落ち度があったのではないか。反省点だと私は思っています。

自宅を避難所に提供

――ご自宅を避難所に提供された様子、そのなかで、困ったこと、良かったことを教えてください。

9日間、避難所を設営し、毎日100~120人が過ごしました。近所の方と高齢者が多かったです。延べにして180人ほどの名前が登録されています。

食事が大変でした。1日目の夜は近所の方が炊飯器を持ち込んだりして、ボランティアの方も手伝っておにぎりを作り、皆で1つずつ分けて食べました。それとトイレです。うちにはトイレが1か所しかなく大変でした。停電で水洗が使えなくなり、庭の池の水をバケツで汲み上げ、子どもたちにも運ぶのを手伝ってもらい、しのぎました。3日目に市が仮設のトイレを設置して、ようやく一安心でした。

★3　このインタビューの翌日、水戸地裁で判決が出た。「常総市の住民32人が国を相手取って約3億5800万円の損害賠償を求めた国家賠償訴訟の判決が22日、水戸地裁で出された。阿部雅彦裁判長は、国の河川管理の落ち度を一部認め、国に対し、住民9人に約3900万円の損害賠償を支払うよう命じる判決を出した」(News つくば2022年7月21日)。国は判決を不服とし控訴している。

お寺で良かったのは、部屋がたくさんあったこと。男女別に生活できました。その意味では、体育館や公民館のような大きな避難所とちがい、プライバシーが保てたと思います。それに、ぜんぶ畳ですし、座布団がたくさんあり、みなさん、座布団を敷いて、洋服を掛けて寝ていました。

３日目になると、市とか他県からも様々な物資が届きます。仮説トイレもできたし。ですから、まずは個人的にも３日間生活できる貯えを準備しておくといいですね。とくに水が大切です。

私は、とりわけ和やかな家族的雰囲気づくりを心がけました。数日間過ごした方たちは、廊下の

浸水した街中

市役所付近

寺の山門前、ゴムボートで運ばれてくる被災者

おにぎりづくり

雑巾がけをする、トイレの掃除、庭の片づけなども手伝ってくれ、共同生活をしているような感じでした。ボランティアの働きも本当にありがたかったです。県内の女性団体、例えば私も会員になっている大学女性協会をはじめとして、女性団体の支援は大助かりでした。手ぬぐい、タオルが2万枚も届きました。女性団体の支援は大助かりでした。家に戻ってからの掃除、片付けには、手ぬぐい・タオルは必需品です。20枚、30枚ずつ、ひもで縛ってありました。すぐに持って帰れるよう束ねてあるわけです。ほんとうにありがたく、感心しました。他にも、おむつ、下着（衣類）、台所用品など、暮らしの中で使っているものが、私の事務所がいっぱいになるくらい届きました。

11月から12月になると、厚手の衣服、毛布、布団が全国から届きました。それから化粧品も色々届きました。化粧品はですね、生活の必需品ではないけれども、瓦礫の中で埃にまみれて掃除に明け暮れている女性たちにとって、自分自身を見つめるひと時になるわけです。そこで、私はボランティアの方たちと「女性のための支援物資の広場」をつくることにしました。被災者が取りに来るのを待つだけでなく、こちらから車に物資を積んで被災地へ出かけていき、ブルーシートに並べて、好きなものを持っていってもらえるようにしました。忙しくて遠くまで行けない、あるいは車がなくて行政が指定する場所まで行けない方たちに大変よろこばれました。

――長谷川さんご提供の避難所の他に、どのような場所に避難所ができましたか。

学校や公民館、あすなろの里といった宿泊施設、さらに近隣の市のセンターなどに避難所が設置されました。私のところで9日間過ごされた後、そのような避難所に移った方もいれば、つくば市の県宿舎に入られる方もいらっしゃいました。避難所で1年以上暮らした方も多かったです。災害直後は新聞やテレビなどで大々的に報道されますが、実は何か月も経ってからのほうが、生活が大変な方が多かったと思います。

――誰もが災害に遭い、避難所暮らしをする可能性があるわけですが、避難所の設営にはどのようなことを心掛けられましたか。

できるだけ普段と変わらない生活をしていただけるようにお世話させていただきました。普段と変わらないものとしては、やはり温かいお味噌汁とご飯がいちばんですので、それをお出しするように努めました。

また、同じ避難所で過ごす方がたは、できるだけ仲良くなり、和やかに過ごしていただくことが大切だと思いました。避難所ではどうしてもある程度のプライバシーがなくなることは覚悟しなければなりませんが、それを少しでも補うためにも、お互いが和気あいあいとした中で過ごすことが大事です。

女性のための支援物資の広場

避難生活の問題点と心構え

――被災された方がたの間で、食べ物などの配布に不公平はありませんでしたか？

水害から1年後に災害についてのシンポジウムを開いたところ、会場から「私のところには食べ物が来なかった。何日も食べ物がなかった」と訴える女性の声が出ました。そういう支援物資がどこに届いていないか、おにぎりを配布するにしても、市役所は情報を出すだけでなく、どこに配布されていないか、情報を得るための組織も必要だと思いましたね。また、このシンポジウムで、滞在した避難所ではプライバシーの問題があったという指摘がなされました。今後の課題でもあります。

――避難所で暮らす時がいつ来るか誰にも予測できません。どんな心構えが必要でしょうか。

できるだけ和やかに生活できるように精一杯できる限りのことをしました。でも、被災すれば誰でも気が動転し、自分のことだけで精一杯です。回りに気を配ることまで要求するのはなかなか難しいと思います。

ただ、お願いしたいのは、避難所から移動するときには、一言声をかけてほしいです。行政の人も記録していますし、情報をきちんと伝えることですね。連絡せずにお年寄りを娘さんが引き取って行かれましたが、居場所をつきとめるまで、大そう心配しました。行方不明になったら一大事ですから、私が心当たりにあちこち電話をかけまくり、ようやく連絡がついた時の安堵感は今でも忘れられません。

それと、日頃のお付き合いが大切と思います。以前から交流のあった隣の坂東市の方がたから、朝昼晩、温かいものを配っていただけた時は感激しました。パンとおにぎりが数日続いていると、味噌汁と温かいご飯はほんとうに生きる力になりました。

　何といっても、いちばん大事なのは、ふだんの心構えでしょうね。どこかに洪水があっても、私たちはなぜか、自分のところは大丈夫と思い込んでいます。常総市は、小貝川と鬼怒川に挟まれていて、二つの川は昔から幾度となく氾濫してきました。４日も大雨が降り続いて、それでも人々は、うちまでは洪水が来ないと信じているわけです。この思い込みが避難を遅らせることになりました。

味噌汁と温かいご飯をいただく

大いに反省しなければなりませんね。災害はいつ来てもおかしくないと自覚し、少なくとも３日間生き延びるための備蓄をしておくべきだと、今回の水害で改めて思いました。

　早めの避難が命を救います。行政はハザードマップを作成し、市民一人ひとりに情報を届ける工夫をし、日常生活の中で常に防災を意識するような対策が求められます。私たちは、いざという時、自分はどこに避難すればよいのか、知っておくことが大事です。行政としては、情報は迅速に、正確に、誰ひとり取り残すことなく届ける。市役所の治水計画もそうですが、市民のいのちを守るため、今回の反省点をふまえて対策を早急に進めてほしいと願っています。

女性の視点の重要性

――防災へ向けてアンケート調査をなさいましたね。何がみえてきましたか。

水害から4か月、年が明けて少し落ち着いたところで、400人の女性を対象とするアンケート調査と、25人の女性から聴き取り調査を行ないました。女性たちがどう行動したのか、水害をどう考えているか、次世代に記録を残しておく必要があると考え、調査結果をもとに1年かけて『常総市大水害　被災から復興・再生へ～私たちの暮らし』と題した記録集★4にまとめ、小冊子にして3000部刷りました。いかにして災害に備えたら良いか、私たちの心構えのためでもあります。高校生にも調査に参加してもらいました。

クローズアップされたのは、女性の視点です。例えば、授乳中の女性はプライバシーが保てないのではと心配して避難所に行くのを躊躇しています。また、小さい子がいる母親は、子どもの泣き声が周囲に迷惑になるのではと気を遣い、とっさの行動に遅れを来しています。そうした一瞬の迷いが大きな被害を招きます。うちの寺にも、小さな子どもたちがゴムボートに乗せられてやって来ました。とても怖かったのでしょう。しばらく水が怖くて、お風呂にも入れなかったそうです。市には、常日頃から市民の半分は女性であることに留意して防災対策、政策方針に生かすよう提言しました。

――防災のための組織づくりについて、お考えをお聞かせください

ボランティアについてですが、お掃除を手伝ったり、支援物資を配ったりする役割も大事ですが、情報を伝達するボランティアがあってもいいと思いました。こちらではこう

★4　常総市大水害「被災者の声」を記録する会（代表・長谷川典子）、2016年発行。

なっているという情報を伝える、おにぎりが届いていないという情報を役所の方へ届ける、そういう情報ボランティアが必要だと思いました。大事なのは組織づくりで、そこには女性に入ってもらうことが必要だと思います。

――２０１１年の東日本大震災のあと、防災対策会議などに女性の参画をと言われていますが、実際には、女性はまだまだ少ないようです。たんに女性というのではなく、例えば、女性の看護師・保健師、弁護士や医師等、具体例を示すことで、より女性の構成が想像しやすくなると思うのですが、いかがでしょうか。

専門職などの職能を持つ女性も重要ですが、それと同時に、小さい子どもを持っている人、病人や老人を介護している人、障害者を介護している人など「暮らしを支えている女性」が入ることが重要だと思います。人工呼吸器を付けているお子さんを介護している女性なら、災害が起き、停電したときにはこうしてほしいという具体的な要求や提言が出てくるでしょう。そのような意味でも、暮らしに直結した視点が防災対策に必要ではないかと思っております。

――市長としてのご経験もある立場で、どんな施策が有効か、お考えをお聞かせください。

常総市は、今の市長さんが取り組みとして「防災先進都市」を掲げ、具体的な施策の一つとして、「マイ・タイムライン」（Ｍｙ　Ｔｉｍｅ　Ｌｉｎｅ）という自分のノートを作ることを推奨しています。災害時に自分自身はどういう行動をとればよいか、前もって確認するチェック・リストを表にしたものです。誰に連絡するか（連絡先の確認）、どこに避難すればよいか、最低限何を持って避難するか、等々。特に常備薬は早めに補填し、少なくとも3日分は常に手元にあるよう心がけるなど、ちょっとしたことが役に立ちます。ノートはまだまだ行き渡っていませんが、これから広げていきたい施策です。

それから、地域の人々との連携がとても大切です。勉強会で一緒に学んだり、近所の方々と出来ることを普段から話し合ったり、そこから生まれる新しい気づきが防災につながります。ある地区では、女性グループの発案で〝ぶじですタオル〟を作りました。「無事です」と書いた黄色いタオルを玄関にかけておけば、それが安否を知らせることになります。女性たちが10～20軒くらい担当し、タオルがなければ声をかけて無事かどうか確認する。手遅れにならないうちに避難所にお連れすることもできます。これは女性の知恵で、ボランティアの方がたも一緒に、ミシンでタオルを縫って配っていきました。

――喫緊の課題は何でしょうか。

いま最も重要なのはジェンダーの視点です。意思決定の場に女性がいることが欠かせません。特に防災・被災は暮らしそのものですから、デシジョン・メイキングには女性・男性が半々いるようにしませんと、良い知恵は生まれません。日本では、男性の意識が遅れています。頭では理解しているのでしょうが、組織の中にはジェンダー視点が活かされていません。

現実に合った防災、暮らしから見た施策、そこにはもっともっと女性の知恵と経験を活かす余地があります。避難所の現場には女性のリーダーが必要です。何度も申しますが、避難所は暮らしの場ですから、ジェンダー視点から女性をもっと活用すべきなのです。洪水だけでなく、様々な災害がいつ起きるかわからない、今この時、女性の現場感覚と経験を次の世代へとつなげ、より賢明な防災対策が実を結ぶよう、市民も行政も、ふだんからジェンダー視点を念頭において、具体的な準備を怠らないようにしていかなければなりません。

情報の発信と共有

――情報の発信・情報共有について、当時はどのようなものでしたか。また、その後の動きはどうですか。防災無線とかスマホでの情報発信はありましたか？

当時は防災無線ができたばかりでした。しかし、家の雨戸を閉めていると、雨と風で放送はまったく聞こえませんでした。そこでテレビとラジオの情報だけが川の氾濫に対する情報源でしたが、それにはあまり確信が持てませんでした。

その後のアンケートでは、高校生の当時の情報源はスマホでのインターネットがほとんどでした。年齢によって違うことがよくわかりました。しかし、停電になったら携帯が使えなくなり、皆さん、発電機を買ってきて対応したりしていました。その後、ＮＴＴなどが充電設備を持って来てくれました。

ハザードマップも配られていましたが、見ていなかった人が多かったと思います。堤防が決壊した時には自分の家にどのくらい水が来るか、あらかじめ情報を集めて知っておく必要があったと思います。

――茨城県の中で、同じような水害に見舞われた経験を持つところはありませんでしたか。２０１５年当時、そういう市町村との情報の共有はありましたか。

県北の那珂川や久慈川では豪雨による氾濫や浸水がたびたび起きています。常総市で災害が起きたときに連携するというようなネットワークは、当時はありませんでした。しかし、避難所、食料、ごみの収集、救急等近隣の自治体をはじめ全国から支援がありました。７年経過した現在は、近隣の13市町で「大規模水害時の広域避難に関する協定」を結んでいます（２０１９年5月締結）。

——常総市は、以前は「水の道」の意味をもつ水海道市と呼ばれており、江戸時代から水運が発達していた地域なので、川の氾濫による水害も多かったはずです。昔の人たちの水害に対する言い伝えは残っていますか。

鬼怒川は、鬼が怒ると書くほどの川ですから、鬼怒川が暴れると、怖いよ、大きい洪水が来るよ、という古い言い伝えはありました。「鬼怒川が切れたら、命がなくなると思え」と水の恐怖を教えられていたはずでした。ただ、昔の言い伝えも、地域開発されたところでは残念ながら残っていません。また、年月が経つと住民の意識が薄れてきて、ここは大丈夫という思い込みが避難を遅らせてしまいます。まさに常総水害がそうでした。

——災害の際には、衛星を使った通信を可能にするとか、未来を見据えてＩＴを活用した災害対策が必要だと思われます★5。今後は、スマホやタブレットから地域の狭い範囲の情報を得られるようになることが期待されますが、そういうことについてはいかがお考えでしょうか。

災害が起こったときは、基本的には、被害の危険、避難所の所在、個人の安否確認など、その地域で必要とされる情報はほ

★5　現在は、避難所情報は自治体のホームページから取得し、安否情報は特殊なアプリで前々から準備しておかないと使えない、というような複雑なシステムになっていて、「情報難民」を生む可能性がある。今後は、種類の違う情報がひとつのアプリで得られるよう、政府主導で全国レベルのものを作ることが必要であろう。また、情報を得る手段はスマホが主流になっているので、通信会社の電波塔が被害にあって支障が出るということのないように、衛星を使った通信を可能にしておく必要もある。

ぼ同じです。特に近くの被害の状況、安否情報などは早く知りたいものです。一元化された情報が容易に得られるのは理想だと思います。

忘れないために

――常総水害を経験され、どのようなことが今後の防災対策として大切だと思われますか。

語り継ぐ、忘れない、ということが大切だと思います。私たちは、このような災害を忘れずに記憶していこうという思いから、水害の４年後にコンサートを開きました。民謡や体験談も織り交ぜながら、洪水の経験を忘れず、記憶をつなげていき、絆を結んでいこうという集まりでした。忘れない、記憶をつなぐ、次世代に伝えていくということが、洪水に遭った私たちの役目ではないかと思っております。

――それは図らずも、私たちが本書を企画した意図とまったく同じです！　すぐに役に立つ大変貴重なお話をありがとうございました。待ったなしの現場からの大切なメッセージを胸に刻みました。まずは一人ひとりが暮らしの中で日頃の備えを怠らず、少なくとも3日間生き延びる手立てを講ずること。そして、防災計画に欠かせないのが、意思決定の場への女性の参画であると指摘されました。常総市にとどまらず、いかなる場にあっても活かされなくてはならない最重要課題です。政府・行政には、審議会や委員会の男女比に配慮するなど、施策に生かすよう繰り返し要望していきましょう。

２０２２年７月20日、オンラインによるインタビュー（文責・鷲見八重子）

第4章

災害の歴史、被災の記憶

中越地震（2004年）の記憶

地元住民の底力　山あいの地での避難生活

大渕智絵

2004（平成16）年10月23日17時56分、土曜日の夕方、新潟市に住む私を大きな揺れが襲った。私は一人で在宅。震度5、どこかにつかまらないと立っていられなかった。震源は中越地方、震度6強から7と報じられた。

中越の小千谷市にある夫の実家が心配だ。そこは小千谷市真人町という中山間地で、義父母と、高齢でそのころ脳梗塞になった祖母がいた。私の住む新潟市は幸い停電もなかったので、まずはご飯を炊いた。「子どもの頃近所で火事が起こると、ばあちゃんが米を炊いた」という夫の話を思い出したのだ。しばらくして夫が帰宅し、私たちは話し合って、すぐに県庁と夫の実家の小千谷市に向かうことにした。夫が県議をしていて、現地の情報収集が必要と判断したからだ。出かける前に二人で簡単な食事をとったが、なかなか食べ物が喉を通らなかった。

翌日の日曜日は東京で友人の結婚披露宴に夫婦で出席の予定。スピーチを頼まれていた。夜が明けたら長岡から新幹線に乗って、東京に向かえるかもしれないと、披露宴用の荷物も水やおにぎりと一緒に車に積み込んだ（この地震のため、日本の新幹線の営業運転中では初めての脱線事故が発生し、上京は叶わなくなるのだが、この時はまだわからなかった）。

道路を南下するにしたがって、状況の深刻さが増した。停電で暗闇の中、割れた道路に乗り上げたり落ちたりして動けなくなる車が何台もあり、通りがかりにそのような車を互いに助け合いながら、こちらも慎重に慎重に運転した。翌朝、実家近くまでたどり着くと、義父母をはじめ集落の方たちは老人施設に避難しており、屋外で朝の煮炊きが始まっていた。近くに小中学校があったが、自家発電が可能なこちらに避難所を自発的に移したとのこと。帰宅の途中に被災して車中で一晩を過ごした人は、朝になり避難所を求めて学校に向かったが、誰一人おらず驚いたそうだ。

季節は秋が深まり豪雪になる前だったので、各家庭や畑には食材が沢山あった。魚沼コシヒカリの釜炊き新米のおにぎりに、停電で冷凍庫のものが溶けるからと、今日は焼肉、明日はおでん、という具合に、集落の秩序の下で段取りよくメニューの計画まで立っていた。この集落は昔からの土地で地盤が固く、家屋は傷んだものの、雪国仕様で柱が太いなど、倒壊を免れたものが多かった。

近隣の他の集落では農作のためのビニールハウスを避難所に開放し、付近の危険な道路を男性壮青年の方々が番をして守っていた。国道が大きく崩れて孤立集落になった所もあるが、陥没のあちらとこちらで自動車を乗り継ぐ仕組みが出来たり、その後は自前の重機で丘を削って脇道を作ったりと、地元の住民の力で乗り切っていた。

夫はその辺りではどこにもたいてい顔見知りがいて、お互いの無事を確認しあったり、車での行き来をしたりした。そして、その後しばらくは同じ中越地方の長岡市に滞在して、被災地支援に努めた。被災地には多くの支援者に入ってもらっていたが、一方で、混乱している現地では、知らない人が訪れるという不安があったようだ。私も現地では「○○です」と屋号を名乗ると話が早く通じることがあった。市街地と違い、集落が点在する地域の被災対応では、自助で対応できるだけの設備、備えがあることと、コミュニティーの秩序がしっかりと存在していることを感じた。山間地での暮らし方が強みになったのだろう。しかし後になっては、援助が届きにくい、インフラ復旧が進みにくい、雪が降ると屋根の雪下ろしが心配、農地や溜池が荒れ、数年にわたり農作に影響が及ぶなど、山間地ならではの苦労が多く起こったことも事実である。

私は市街地の住民で、日頃からこれと同じ備えはできないが、どこであってもできるだけ地域のことや人を知る努力、地域に出て何らかの役に立つ努力をするべきと心底実感した。また、地域コミュニティー、とりわけ災害時における女性の役割の重要性についても深く考えさせられた。

新潟地震（1964年）の記憶

●――火柱を上げる石油タンク　12日間続いた石油コンビナート火災

髙橋令子

1964年（昭和39）年6月16日13時2分、地震発生。新潟国体が閉幕した4日後のことだった。粟島沖を震源とするマグニチュード7・5の大地震で、これを契機に地震保険が作られたほどである。新潟地震の特徴として、低地の液状化現象、津波による浸水、石油コンビナートの火災が挙げられる。私の家は新潟市内の東北電力の石油コンビナートのある地区にあったので、その火災から避難した時の思い出と教訓を中心に記したいと思う。

当時中学1年生だった私は、給食前に一階の体育館でしていた卓球をやめて二階の教室に戻るところだった。急に足元がぐらぐらと揺れ、ふらつきながら玄関から外に出た。昼食はおあずけとなり、後で残ったパンが配られた。避難の際、「コンクリートの建物だから、あわてて外に出るな」と指示した担任の先生もいて、避難の仕方もいろいろだなと思った。そのことが今でも私の課題となっている。

燃える石油コンビナートの煙

地震の爪痕（新潟市内）

東地区の空に大きな入道雲のような煙が昇ってきた。原爆のきのこ雲の写真とそっくりだった。聞けば、石油コンビナートの火災とのことである。我が家はその地区にあったので心配だった。家が遠い生徒たちを先生が引率して、線路伝いに約6キロを徒歩で帰宅した。津波の浸水で、途中からは膝までの水に浸かりながら歩いた。途中で見た新潟市中心部の惨状は凄かった。信濃川に架かる橋のうち、国体に合わせて建てたば

地震から一夜明けた避難場所で

列を作って給水を待つ人々

かりの昭和大橋が橋桁から崩れていた。昔からある萬代橋は無傷で立っており、なにごとも基礎が大切だと思い知らされた。

　我が家は火力発電所のある地区の高台にあった。石油タンクが燃えているので、低地の地区の人々はこの高台に避難してきた。ちょうど父が大阪に出張中で、母と二人で心細いこともあり、夜は隣の空地で野宿した。6月という気候が良い時期で不幸中の幸いだった。時折火柱を上げて燃え盛る石油タンク、夜中でも周囲は昼のように明るくなり、避難している人々の顔がはっきりわかるほどだった。そのうち、「近くの水素タンクに火が移ると爆発するかもしれない」というデマが飛び交って不安を煽った。一夜明け、火が弱くなった。目を覚ました私に、「もう帰っても大丈夫みたいだよ」と声をかけてくれた人がいた。その時の安堵感は今でも忘れない。この火災は、完全に消火するまで12日間続いたそうである。（写真は、出張先から戻った父が撮影したものです。）

「エネルギー資源の備蓄と地震の際のリスク管理」という大きな課題を、この時に本気で教訓にしていたら、２０１１年に起こった東日本大震災の原発事故は違っていただろうに、と思う。

その後は水道やガスや電気が止まり、しばらく不自由な生活だったが、個人的には学校も家もそれほど被害がなかったのは幸いだった。それは、両方とも高台に立地していたことが大きい。最近作成された防災マップでは、地区ごとに避難所が設置されているが、それは必ずしも高台ではなかったり、辿り着くまでに低地を通過したりするなど、現実的でないものがあるようだ。自分の地区の避難所は適した立地条件であるか、いま一度確認しておくことが必要に思う。

我が家の襖戸に残る津波浸水の跡

田代信子

新潟市街地は、信濃川河口にあった新潟町と沼垂町の二つの港町を起源としています。この二つの港町は大信濃川を挟んで西と東に対峙していました。後に上流に分水路が出来て、川岸の埋め立てが進み信濃川の川幅がだいぶ狭くなったことから、今ではこの二つの町の境界を感じることがありません。子どものころ、私は沼垂地区に住んでいました。付近には旧栗の木川が流れていましたが、ずっと昔、沼垂地区周辺がまだ湿地帯だったころは舟運が主な交通手段であり、栗の木川は昭和の初期までは沼垂周辺の水上交通の要だったそうです。

１９６４（昭和39）年6月16日に新潟地震が発生した時、私は小学6年生でした。地震発生時は自宅付近に津波が来ることを心配し、３キロほど南の笹口にある親戚宅に家族で避難し、幾晩か過ごしました。自宅に戻ると床上浸水はすでにひいていましたが、畳が浮いた跡や壁などに浸水被害の跡が残っていました。

一見すると同じように平地に見える一帯ですが、災害時には街の成り立ちを知ることで安全を得ることも出来ます。現在は別の場所に住んでいますが、新潟地震の浸水の跡が残る襖戸を、結婚後の住まいに用いていました。我が家に居ながら、災害の記憶を思い出しています。

狩野川台風（1958年）の記憶

親戚が家ごと流され全滅　伊勢湾台風（1959年）と並ぶ恐怖の記憶

窪田憲子

静岡県沼津市の中心部を流れる狩野川(かのがわ)は、伊豆半島の天城山を水源とし駿河湾に流れ込む、水量ゆたかな一級河川である。ふだんは滔々と水が流れ、川にかかる橋の上からは富士山が眺められ、自然の豊かなめぐみを感じさせるこの風景は市民の誇りとなっている。

しかし、今から60年以上昔の1958（昭和33）年9月26日、伊豆半島を台風が襲い、氾濫した狩野川は千人近い死者を出す恐ろしい川となった。狩野川台風として語り継がれている台風である。

当時、私は沼津市に住む小学校6年生だった。私の家は狩野川からかなり離れた場所にあり、大人たちもこの日、台風で狩野川が氾濫するかもしれない、などということはあまり気にもせずにいた。

実際、沼津市では普段の台風の時とそう変化なく台風一過の朝を迎えたのだが、ラジオからは、狩野川が上流で氾濫し、上流部の流域一帯では多くの家が流失したというニュースが流れてきた。そうこうしているうちに、伊豆半島の内部に住んでいる遠縁の一家と連絡がとれないという知らせが我が家に飛び込んできた。その遠縁の家は狩野川の上流の流域内にある。行方がわからなくなった一家を探して、その日から、近い親戚も遠い親戚も総出で捜索を開始した。大叔母の実家ということで私の家とは普段付き合うことはまったくない遠い親戚であったが、当然、私の父と祖父も探索に加わった。当時は情報網が未発達で、同じ伊豆半島でも、海に面した沼津市と少し奥に入った駿東郡では、電話で連絡が取れなければ現地に行って確かめるしかない。親戚総出の人力作戦で行方不明になった一家を探して歩いたのだ。

狩野川より富士山を望む

１週間近く経った頃、その親戚の家が狩野川の下流にある橋げたのところで見つかったと捜索から戻った父親が教えてくれた。一家６人と、たまたまその時に実家に戻っていた私の大叔母の計７名の遺体が、その流された家の中から発見されたという。突然に家が濁流の中に呑み込まれ流されてしまうなんて、どんなに怖かっただろう、またその家を橋の下で発見した私の父親や親戚の人たちはどんな気持ちだったのだろうと、子ども心にも台風の恐ろしさを強く感じたことを覚えている。

翌年のまた同じ9月26日に、今度は紀伊半島に上陸して本州を縦断する猛烈な台風が来襲し、台風としては日本災害史上最悪の死者・行方不明者５千人以上の犠牲を生んだ。**伊勢湾台風**である。遠縁の一家を全滅させ、全体では伊豆半島の小さな町々で千人近い死者を出した狩野川台風は、私にとっては、この伊勢湾台風と並んで、自然災害の恐ろしさを記憶に植え付けたものとなっている。

狩野川台風のときに、大雨による大量の増水を狩野川が受け止められなかったことが大氾濫の原因だったとして、この台風以来、狩野川の水を途中で海に流すための放水路が造られた。それ以降、この地域には幸い台風の大きな被害もなく、この放水路も海に注ぐ地域の名前をとって「内浦の放水路」と地元民から呼ばれている単なる水路でしかないが、私はここを通るたびに、一瞬にして命を奪われた遠縁一家のことを思い出さずにはいられない。

土地に刻まれた歴史を学ぶ

●――渥美半島、伊良湖岬を襲う地震と津波　古代から記録に残る災害の歴史

端本和子

渥美半島は、縄文、弥生を経た古代4世紀頃、黒潮に乗って渡来したした漁撈部族、安曇連（あずみのむらじ）に拓かれたと言われている。そして、その後、公式に豪族の渥美氏の郡司への昇格により渥美という名が広まったとされている。私の一族は愛知県渥美半島の出身。家は、「椰子の実」の唱歌で有名な伊良湖岬の遠州灘に面した表浜にある。伊良湖岬は伊勢湾をはさんで伊勢神宮と向かい合っており船で行き来が容易である。万葉集に「伊勢国伊良虞島」と表記され、三首読まれている。伊良虞島

は伊勢の国とされ伊勢神宮の御領地であった。食材を伊勢神宮に奉納し、その印として御厨(みくりや)神社が建立されている。

100〜150年周期で起こっている大津波

伊良湖岬の災害は、７１５年の三河の地震から、22回が記録に残っている★6。地震は遠州灘を震源とするプレート境界型地震（海溝型地震）であり、１００〜１５０年周期で起こっている。特に大きな津波は、１７０７年（宝永四年）と１８５４年（嘉永七年／安政元年）に起きている。

宝永地震（１７０７年、マグニチュード８・４）

大津波被害を受けた東観音寺(とうかんのんじ)や御厨神社は内陸部に移転。民家も地震の度に内陸部に移動している。東観音寺には津波前後の絵図や石碑が残されている。

安政東海大地震（１８５４年、マグニチュード８・４）

安政六年に網元の仙太郎さんが石碑を立てている。ここには津波によって29メートルの高台まで海水が来たと記されている。また、御厨神社には津波の様子を描いた迫力にあふれる絵馬が奉納されており、被災の惨状を伝えている。

災害から得た人々の生きる知恵

この地域の家々は高台、あるいは内陸部に家を建てている。我が家も、海からいちばん高い崖の裏側に家を建てている。太平洋から来る強風と津波をよけ

★6　伊良湖岬の地震と津波の記録――715年、1124年、1498年（津波）、1586年、1605年（津波）、1666年（津波）、1669年、1681年、1685年、1686年、1707年（津波）、1802年、1854年（津波）、1861年、1891年、1894年、1898年、1944年、1945年、1971年、1975年、1997年

御厨神社の安政東海地震の惨状を伝える絵馬
（歴史地震記録に学ぶ防災・減災サイトより）

るためである。道路も高台の内陸部にあり津波に備えている。何度も繰り返された災害の経験から得た、人々の生きる知恵である

東北大震災の復興の在り方についていま賛否両論が渦巻いているが、伊良湖岬では、第一に行なわれたのは集落を内陸部に移動させることだった。渥美半島の太平洋側を見れば、一律にそうされている。この地が古代では伊勢の領地であり、江戸時代は幕府領であったことが災害の復興を助けたとも思われる。このことが今後の地震津波の復興のモデルになることを祈りたい。

＊参考文献
飯田汲事『東海地方地震・津波災害誌　飯田汲事教授論文選集』一九八五年、飯田汲事教授論文選集発行会。

宇佐美龍夫『新編日本被害地震総覧４１６－１９９５』増補改訂版、一九九六年、東京大学出版会。

田原町『田原町史』一九七八年。

渥美郷土資料館『研究紀要』第7号、二〇〇三年。

日本建築学会『東南海および南海道両地震調査報告』一九六五年。

関東大震災の遺物　神奈川県座間市の語り伝えと石碑

渡部由紀子

神奈川県座間市の市内には関東大震災の遺物がまだ保存されています。座間市に越してきて間もない新住民の私は、市の市史編さん係から、関東大震災の遺物が保存・展示されている場所があるとの丁寧な紹介を受けました。その際に、関東大震災経験者からの聞き取り調査をまとめた冊子も紹介されました。それは、市内全域の関東大震災経験者から専門家が聞き取り調査を行なった結果をまとめたものです。聞き取りは、関東大震災発生後60年を迎えた翌年、昭和58年５月９日から７月８日までの２か月間に、調査時市内在住者46名と、市外在住者９名を対象に行なわれています。

それを読むと、このあたりは、関東大震災発災の頃は養蚕が盛んな農村だったことがわかります。市内の大半のエリアで地割れが起き、地面の隆起や陥没、がけ崩れや、地下から泥水が噴出したところも多かった。家屋の多くは全壊や半壊。川の堤防が大きく破損し、大半の橋も落ち、土砂崩れにより川の流れが止められたところもあった。池は、震災後２～３日で干上がったところもあったそうです。大震災前に井戸の水面の変化や濁りが見られたエリアもあったとのこと。また、被災の程度によって、養蚕を中止した家と、継続できた家とに分かれた。全般的には、稲作への影響は少なかったということです。家の修復は翌年までかかったそうですが、当地は神奈川県内では被害が比較的軽かったエリアだったようで、都内や横浜方面に住んでいた家族や親戚の避難場所にもなっていたということもわかりました。

相模川沿いの田んぼや畑などの農地が広がる地区のすぐ際、住宅地が始まる一画にある、２つの

日枝大神境内にある関東大震災の遺物：倒壊した大鳥居（左写真）と、
そのことを記した石碑（右写真の中央）

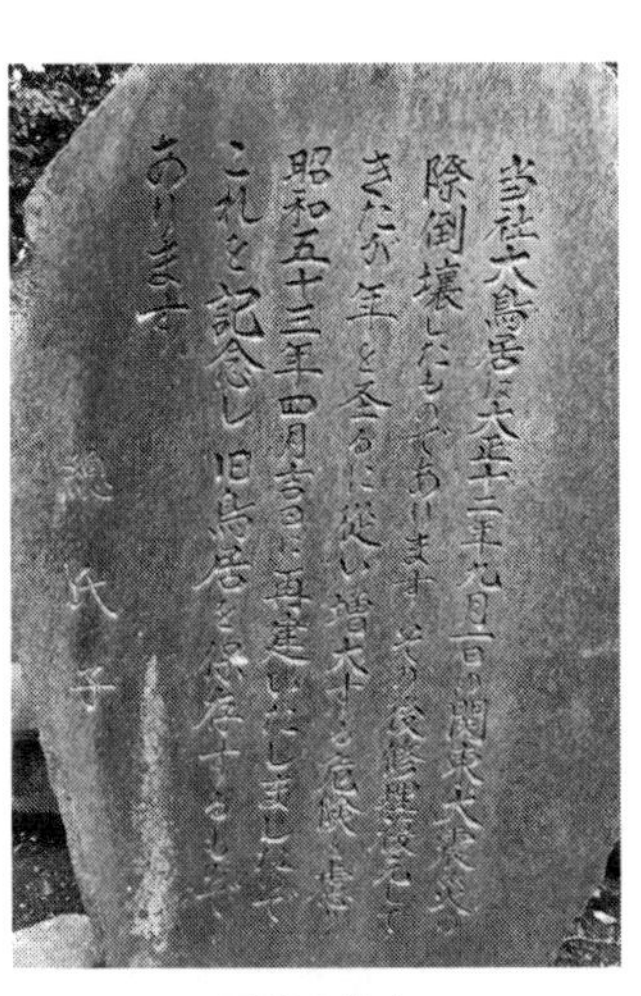

石碑の銘文

小規模な神社の境内に、関東大震災の遺物が保存されていました。上記の聞き取り調査によれば、どちらの社も多数の地割れと泥水噴出が起きて、多くの家が全壊あるいは半壊したエリア内にあります。

そのうち一社は日枝大神（ひえだいじん）で、現在の鳥居横に、関東大震災で倒壊した大鳥居の遺物がひとまとめにされて野外で保存展示されており、その中央に石碑が置かれています。もう一社は諏訪明神社です。日枝大神よりも北側にあり、こちらは関東大震災の石碑が野外で保存展示されています。なお、この二社の間の住宅街の道路傍の電柱には、相模川が氾濫した時には浸水するエリアであることを知らせ

左は諏訪明神社にある関東大震災記念碑（壊れた建造物の一部をそのまま石碑に転用）。右は碑文の拡大。

電柱に貼られた表示板
（洪水想定浸水深：最大３メートル）

る表示板が取り付けられていました。どちらの社も最大３メートル浸水するエリア内にあります。

今後予想される首都圏で起こりうる地震、台風などの自然災害の被害拡大の影響も強く受けるエリアでもあることがわかり、遺跡の保存について危惧を抱くとともに、このエリアの現在の住人には水害への備えができているのか、懸念しています。自分の生活圏内は洪水被害が想定されていないエリアだったため、同じ市内といってもエリアによってかなり状況が違うことを、今回初めて実感として知りました。地方自治体単位だけでなく、各エリアの状況に適した防災対策を予め講じ、住人への周知徹底、避難訓練を行なうことの必要性を強く感じました。

＊参考文献

語り伝え聞き取り調査団 座間市市史編さん係編集『座間の語り伝え』第十一集、外編二「関東大震災」、一九八四年、座間市教育委員会教育部生涯学習推進課市史編さん係。

自らの記憶を振り返る

●――わが人生における災害体験史

笠間昭子

生後5か月目――広島に原爆投下

昭和20年8月。黒い灰が裏山の森に（母親からの伝聞のみ）。原爆症、白血病 原因不明、出生地「広島」と学校への書類に記入。偏見、いじめ、居心地悪さを経験。現在は、毎年8月6日8時15分には親子で黙祷。私と違って娘は体験なし。黙祷の意味が薄れるのもしかたがない。「語る」あるのみ。

小学校低学年――金沢の浅野川（二級河川）氾濫

昭和28年8月24日。夏休み中。床上浸水。畳が濁水で持ち上がる。階段3段ほどまで濁水来る。近くの少し坂を上った場所に住む母方の叔父が様子を見に来たが、父親は兼六園そばの高台にある職場にいて状況がわからず。当時は家庭の固定電話の普及率が低く、家族間の連絡もままならなかった。

後日、浸水家屋児童に文房具配布あり。どのような後片付けをしたかは記憶にない。川の上流からの流木と木造の橋が鉄筋コンクリートの橋桁に引っ掛かり、橋が損壊した。下流の木造の橋も流失。

小学校６年生――校舎火災

昭和32年４月。神社春祭りの時。通学していた小学校が火災になった。我々新６年生のクラスが校長室の掃除当番のときのこと。当時の会議は喫煙ＯＫだったため、校長室の灰皿の中身を捨てたときの様子を警察に事情聴取された。校長先生は引責退任。

４月に入学した新１年生は３週間だけ火災前の校舎で授業を受け、その後は２年生はじめまで他校へ。この学年は消失前の校舎のことは覚えていないとのこと。低学年は団塊の世代にあたる。居候先では教室不足にて授業は二部制。高学年は地元から遠い小学校へ徒歩で通学、教室は実験室や家庭科などの教室を使用。居候された小学校の児童は特別教室で実験実技等の授業ができなかったようだ。最後の学期は、６年生のみ数日間、改修した元の校舎で臨時授業あり。３月には卒業式を体育館で挙行。

高校３年――三八豪雪

昭和38年１月。大学受験間近に大雪が降り、入学願書郵送期間と北陸本線不通と重なる。どこも併願しておらず、不安の返信待ち。３年生は通学不要になり自宅学習をし、高校では授業なしのまま卒業式を迎えた。

私が住んでいた金沢市の武家屋敷エリアは江戸時代に造成された地域で、道路は細く、あっという間に道路は雪で埋もれ、二階から出入りせざるを得なかった。電線に手が届きそうに積もった雪の除雪も二階から裏の庭へ、自然融雪待ちが主となる。

消防車も通れないので、消火への備えが優先された。万が一、火災が発生したらという恐怖を覚えた。しかし排雪場所に関しては多くの人が思い至らず、街中の用水に雪を捨て、そのため下流域に内水氾濫を起こしてしまった。

社会人になって——豪雪経験

東京から福井に勤務地が変更になり、福井医科大学附属病院で医療情報管理担当を始めた昭和58年頃。大雪に見舞われた。電算機システムにトラブルが発生した。滋賀県から来ることになっていたメンテナンス専門技師は、高速道路の不通と、一般道の渋滞で身動きがとれず、週明けの予約患者情報の取り出しはお手上げとなった。私はそれまでの20年間、雪と無縁の土地での生活に慣れてしまっていたので、防寒靴の準備もなく、夜間、職場から宿舎まで帰れなくなってしまった。すると、知り合いが長靴を調達し、職場に届けてくれた。福井県民の温かさが身に沁みた。

能登沖地震

平成19年3月25日。勤務先の石川県立看護大学が地震対策の拠点になった。地元の看護協会よりも早く、阪神淡路大震災経験者の兵庫県看護協会が応援に駆けつけてくださった。私の所属する事務部門としては何も出来ないが、応援スタッフに不自由をかけないことが仕事となった。電話回線が近距離間では不通となり、県内での互いの安否確認は遅れた一方、東京等への長距離電話は順調であった。

二級河川浅野川氾濫

平成20年7月28日、集中豪雨。北陸本線経由七尾線にて勤務先に向かう途上、夏休み中の娘（未成年）より連絡入る。会話途中で携帯の電池が不足となり、乗り合わせ中の同僚に携帯電話を借り通話する。娘には、渡米準備中の荷物や、携帯電話等の充電器を二階に上げるよう、また隣に住む従姉（以前の洪水経験あり）に相談するように指示。職場に顔出すどころではなく、その場で引き返すも、金沢駅手前で電車が動かない。鉄橋線路ギリギリまで水が来ていたらしい。車内放送がかかるまで数時間待たされる。駅に着いた時には山場を越えていた。市内バスも経路変更で、家に着いたときは泥水が引いた後だった。我が家に被害なし。駐車中のマイカーの普通車タイヤの半分まで泥水が来た、と娘からの報告。

濁流が溢れ出る浅野川

泥水に浸かった自宅前の道路

以上、人生のさまざまなフェイズで経験した災害の記憶を記録してみて、思うところをいくつか記す。

災害の教訓を活かした街づくり

・橋梁の付け替えや、橋桁がないアーチ型橋に付替えが進む。固定電話回線普及率が向上し、保健所公衆衛生機能も強化される。

・金沢市内市立小学校校舎を順次、木造から鉄筋建造物へ建て替える。地域に消火栓が増設され、公立小学校校庭に、消火時の水確保も兼ねた水泳用プールの設置が進む。

・屋根瓦に付いていた雪滑り防止横木が無くなった。代わりに日照で少しずつ滑り落ちる形状と塗料の改良がなされた瓦屋根が普及。金沢の瓦は艶々です。

・携帯電話基地局、移動基地局が増える。

・ウェザーニューズ、マップ等インターネット活用ができるようになった。夜中や悪天候でも自宅のパソコンから近くの河川水量を調べることができるようになった。

この体験を、金沢国際交流財団の多文化共生ボランティア活動に反映。外国人市民のための防災ハンドブック編集ボランティアとして準備に1年間かける。やさしい日本語をベースにして、英語版、中国語版、韓国語版、ポルトガル語版を発行。金沢市国際交流課との共同編集だった。災害の写真や、経験がない津波等はイラストを掲載する。インターネットの情報に関してはホームページアドレスを紹介。出版予算の関係で配布先が市民センターなどに限定されたのが難点だった。毎年秋に金沢国際交流まつりでは、大学女性協会金沢支部ブースにこのハンドブックを準備し、希望者に渡している。

逆行した行政側の対応

改善がなされた一方で、行政に忘れられている対策もある。一例を挙げれば川の問題である。観光施策が優先されて土手の開放がなされたが、実質的に堤防の高さが低くなってしまった。危機管理システムは鍵を所持する当番人任せである。川底の砂利除去がほとんど行なわれていない。代わりに土手を高くしたとのことではあるが、常時、門扉を開けている場所がある限り、堆積物除去をして川底を深くしなければ、人的災害はまた発生する。過去の災害が忘れられ、歩行者専用の橋桁が付いた橋、重要建造物に指定され迅速には修繕や付け替えが出来ない橋、いずれも災害防止に逆向した観光優先政策の結果である。

高齢女性防災士として

私は、各種の災害経験者として、ジェンダー、多文化共生目線で疑問となることを、日本防災士機構有資格者防災士会会合で声を上げ続けてきた。同時に、自分からも実践するよう心掛けている。例えば、一時避難所・備蓄庫マップ作りや、担当小学校校区内の避難路障害物情報収集など。また、市行政と防災士会の共同参画を推進。具体的には、個人情報保護と災害時の情報提供システムの確立に努める。特に、障害者、世帯主・同居人などの情報を誰が、どこで、いつ受け取るのか、市議会および県議会議員と問題点を共有する一環として女性議員と話し合う機会を作る。たとえ災害当日に避難誘導などは体力的に無理な高齢者でも、予めのシステムの確立は可能である。

さらに災害時避難所での備蓄庫備蓄品を、リストアップ段階から女性目線で関与。マイノリティー向け備品を、数量、品目、有効期限の最新情報を得て更新する。市危機管理課の要請更新期間の10年に1回の頻度を増やすことを要求する。

地域にある各種団体や組織との横のつながりに欠けると、避難対象者の数を知ることができないので、各種団体や組織との横のつながりは重要である。大学病院事務局勤務時代、消防法に基づく定期的避難訓練では独自にプログラムを作成した。その経験をもとに、私の残り人生は個人情報守秘義務と災害時避難者把握を金沢市まちぐるみ福祉活動推進員として、防災士として考えることに費やしたい。

第5章

来たるべき災害に備える

教訓と戒め

地震と津波から得た教訓

相澤富美江

東日本大震災の後、私たち家族は、幸い約半年後に通常の生活を送れるようになりました。大学女性協会をはじめ、様々な方面より、暖かい励ましのお言葉やご支援をいただきました。困難の中、くじけそうな心を支えてくれました。たくさんのボランティアの方がたが片付けを手伝いに来てくださいました。進学したもののまだ学校が始まらないという高校生が来てくれたこともありました。たくさんの方々に感謝してもしきれません。

この震災では、予想を上回る高さの津波が予想よりも広い範囲を襲い、甚大な被害が出ました。この経験から、私なりに、防災をしていく上で二つのことが重要だと感じました。

一つは、「今まで無かったから…」という考えは捨てて、すぐに避難することです。私の両親や当時の隣人の多くは、以前大きな津波にあったことがなかったので、すぐ避難しませんでした。しかし、一階天井近くまでの大津波が襲ったのです。最近、防災において、「経験の逆機能」や「正常性バイアス」ということが取り上げられています。実際は大変なことが起こっているのに「大丈夫だ」と思い込んでしまう。心理的にそのような偏見、思い込みがあるということを理解し、とにかくすぐに避難することが重要だ、と強く感じました。

二つ目は、最新の研究結果を防災に早く反映させ、周知するということです。東日本大震災と比較して、約1100年前の貞観地震・津波が、よく取り上げられるようになりました。震災前はどうだったのか？　はっきりと覚えてはいなかったので、地元の新聞の過去の記事を調べてみました。1994年に郷土史研究家が指摘、2000年に遺跡で被災跡確認、防災の観点から取り上げられたのは2005年頃からでした。驚くことに、2007年にこの震災を予言したかのような記事もありました。

「仙台東部に10メートル超す巨大津波　死者・行方不明者　数万人にも　逃げ切れず次々と波にのまれる　20XX年X月X日」。各新聞は号外にこのような大見出しを付け、未曾有の巨大津波被害の惨状を報じる。これはあり得ない話であろうか。否、21世紀中における仙台東部平野への巨大津波襲来の可能性は、歴史に刻まれた証拠を確認していくにつれ、真実味を増してくる。

渡辺慎也（近代出版史研究家、仙台市在住）「座標　大津波への備え／自らの判断で命を守る」
河北新報（二〇〇七年九月四日朝刊）

知られはじめてはいたのに、実際の避難、防災には間に合いませんでした。史料や地質調査など様々な分野で、研究は日進月歩していると思います。その情報を可能な限り早く防災に反映させて、周知してほしい。そして私たち一人ひとりが自分に起こることかもしれないと、心に留めて置くことが重要だと思いました。本書が多くの方々の目に留まり、これから来るであろう様々な大災害への備えとなることを切に願います。

平穏な日々を無駄にしない

飯岡絹子

私は人生において4回、大きな災害に遭遇しました。1回目は、太平洋戦争下の東京、1945（昭和20）年3月10日の200機編隊の爆撃でした（**東京大空襲**）。まるでじゅうたんを敷いたような焼けた土地だけが残りました。当時は非常持ち出し袋など用意されていませんし、身ひとつ着のみ着のままの状態でした。

2度目は、1960年の**チリ地震津波**です。東京より焼け出されて父の本家がある岩手県に身を寄せていた頃でしたが、その時、私はたまたま東京にいて、岩手に帰りましたら、流されずに斜めに動いただけの家を目にしました。

3度目が**1978年宮城県沖地震**で、今から30年以上前になりますが、その時も私は東京のホテルに居りました。当時は上京するのに仙台からでは8時間かかるので、大学女性協会の理事会に出席の時は前日に行くわけです。ホテルのテレビで地震のことを知りました。仙台に帰ると、家の中のものが足の踏み場のない程に散乱していて、どこから手をつけたらよいかといった状態でした。ただ、家そのものに異常はありませんでした。

そして、4度目が今回の東日本大震災です。発災のときには、仙台市内のホテルの15階で会議をしていました。ハンドバッグは持っていたものの、ほぼ身ひとつで家に帰りました。宮城県沖地震の教訓があるので、家具類は倒れずにすみましたが、今回もいくつか教訓を得ました。

この4度におよぶ災害の中で、体ひとつだけで後ろ盾のない私を救ってくれたのは、文部省の教員免許と、それまでに取得していた資格免許4つでした。そして社会の中で現在まで生かされて参りました。ですから、私が若い人に声を大にして言いたいこと、それは青春時代がいちばん大きな人間形成になるということです。若いうちこそ、何もない平穏な日々を無駄にしてはならない。その時こそ自分の力になることを詰め込んで欲しい。

災害は突然に参ります。予測し計画をすることが出来ません。この東日本大震災の恐らく次には遭遇しないであろう私の経験を書きました。


大学女性協会仙台支部だより『けやき』第三号（震災特別号、二〇一一年）より

経験を風化させない　災害の実情を次世代へ伝える

野村君代

「天災は忘れた頃にやって来る」とは物理学者寺田寅彦の言葉であるが、昨今は地球環境の変化によるものかよくわからないが、自然災害が頻発している。2004年は台風や集中豪雨が相次ぎ、各地に大きな被害をもたらし、10月には中越地震が起こった。

台風や豪雨は気象情報を聞くことである程度の注意や災害への準備が可能な部分もあるが、突然大地がユサユサと揺れる地震は本当に恐ろしい。阪神淡路大震災の後、震災や防災に関する講演会に参加して、日常生活の中で防災意識を高めるよう努力してきたつもりでいるが、いざという時に

適切に行動できるかはわからない。震災時の経験からもわかるように、行政機関も混乱している場合が多い。自分の身は自分で守るだけでは不十分であり、もう一歩進めて「町の安全・安心はみんなで守る」という気持ちが必要だと思う。とりわけ、身近な地域の人たちの助け合いや高齢者への配慮など、共に助け合うことの大切さを実感している。阪神淡路大震災では6500人以上の死者を出したが、生き埋めになりながら助かった人の約70パーセントは近隣の人たちによって救われたという。地域がもつコミュニティの力強さ、大切さを学んだ。

古来、日本は地震国と言われ、日本全国どこでも大地震が起こる可能性がある。天変地異をもたらす地震は時代を問わず襲来してくるのである。

「ゆく河の流れは絶えずして、しかも、もとの水にあらず」の書き出しで有名な『方丈記』には12世紀末に京都で起こった地震の有様が記されている。山は崩れ、津波が襲い、地上には亀裂が走り、道行く馬は足元が定まらず、都では堂塔がこわれ、ひとつとして完全な姿を保つものはなかった。余震は3か月ばかり続き、京の人びとは地震に怯えながら暮らさざるをえなかった、惨たんたる情景が記されている。しかし、作者鴨長明がそれに続けて、「災害の当時は、人々は人生の無常を語っていても歳月が過ぎれば災害の事を口にする人さえもいない」と述べているくだりは、現代に生きる私たちにとっても大いなる戒めと受けとめたい。災害時の現状を伝えることの大切さは昔も今も変わりない。

最近の研究では日本列島が新たな地震活動期に入ったと言われている。阪神・淡路大震災からほぼ10年を経過しているうちに、今世紀前半に南海地震が起こる可能性が高いと専門家は言う。

１９４６年12月21日の明け方近く起こった**昭和南海地震**を経験した私は、もう二度とあのような恐ろしい目にあいたくないと思う。思い出すだけで鳥肌が立つ。地震の予知研究は進んでいるのだろうか？「今の科学で地震が何月何日に起こるという予知はできない。恐らく10年後も不可能だろう」と東京大学地震研究所の島崎邦彦教授は書いている。

私たちが経験した災害の実情や調査報告は、歳月とともに風化させてはならない。その詳細を次世代へ伝える必要を痛感している。

大学女性協会神戸支部『その後の十年』（二〇〇五年発行）より

届けられなかったパンの缶詰

栗田富美子

東日本大震災の後、何年も過ぎた頃に送付されてきた車関係の冊子に、パンの缶詰会社の社長さんが被災地に２０００個のパンの缶詰を寄贈したが、１缶として人の手に渡ることなく、倉庫の中で賞味期限を過ぎてしまったということを淡々と記した文章を目にしました。すべてを失ったかのような暗闇の中で、その品を受け取ることができた人びとの嬉しそうな顔を、きっと心のうちに秘めて行動したであろう社長さんの残念な気持ちは、いかばかりか、想像に難くない。一生にそんなにはないかもしれない社長さんの英断の二千個は、たとえ被災人数には十分でなく、また一時的であったにしろ、とても貴重な恵みとなったに違いありません。

震災よりも前に、私はたまたまスーパーで一時的に設けられた小さな防災コーナーの隅にパンの缶詰を初めて見つけ、物珍しさに駆られて２個を購入したことがあります。備蓄しておくつもりが、間食として食べてしまったのですが、私にはケーキよりも美味しい感動物でした。その後、備蓄しようとまたパンの缶詰を探したのですが、入手不可のままとなっていました。

その強い印象もあって、届かなかったパンの缶詰のことが忘れられず、最近しきりに喚起されている首都直下型地震、南海トラフ地震時への備えが話題になると、必ずこの保管倉庫から配送されずじまいになってしまったパンの缶詰のことがつい口を衝いて出てしまいます。

倉庫から出すということにすら、なぜ辿りつけなかったのか？日本の現体制に原因があるのでは？行政の仕組の中で、その都度許可を得なければ動けないような、あまりに細分化された体制があるのでは？国民の命が危機に直面した時、国民の命を守るための政府の行動を定めた緊急事態条項を設ける「自主憲法」へと歩みを進めることが、急務ではないでしょうか。この届けられなかったパンの缶詰の話を、私たち自身のために、教訓にしたいと思います。

経験を学びに

役に立った前回の経験

菊地昌枝

3月11日は、どういう訳かその日に限って道草をせず2時頃帰宅。遅い昼食を済ませくつろいでいると、突然グラッときました。ボイラーのスイッチを切り、すぐ玄関の戸を開け、外の様子を眺めていましたが収まる様子もありません。路上の車がローリングしており、止むかと思えばまた激しく揺れ、数回繰り返したと思います。揺れは長く大きかったのでかなり大きな地震と思いましたが、我が家の収納物（本、食器など）は何ひとつ落下しなかったので、ものすごいという感触ではありませんでした。近所のおばさんたちが、かなりうろたえている様子なので、「大丈夫、大丈夫」などと言って携帯ラジオを渡したりしている私でした。

我が家であまり被害がなかったのは、①平屋であること、②住んでいる仙台市太白区の震度は5強であり他の区に比べて低かったこと、③家具の固定などの地震対策はかなりしっかりしていたことによると思われます。前回の**宮城県沖地震（２００５年）**の経験からいろいろ学んだことが大いに助けになりました。①と②は如何ともし難いことですが、③は誰でも出来ます。

その後は停電、断水、ガス供給停止が生じましたが、七輪で炭火を起こして料理したり、お湯を沸かしてペットボトルに入れて湯たんぽを作ったりなど、サバイバルしました。食料はかなり備蓄していたので、大学院の学生さんを１人下宿させて養いました。

宮城県沖地震の時もそうでしたが、私の出身の東北大学理学部化学教室では5階以上の階ではかなり被害がひどい様子です。前回の地震で出火しましたが今回も出火し、大変な状況だったと思われます。化学のような分野では、あまり高層の建物はどうかと思われます。いずれにしても、日ごろの備えの大切さを、今回も身に沁みて感じました。

大学女性協会仙台支部だより『けやき』第三号（震災特別号、二〇一一年）より

家庭での備え、挫けない心

平田恭子

地震発生の当日

東日本大震災の当日、私は仙台市中心部の自宅マンション8階にいました。三人家族のうち夫は海外出張からの帰路、成田空港で仙台空港行きの国内線を待っているところで、もし、仙台空港に到着していたら津波にあっていました。息子は小学校で理科の実験中でした。

宮城は地震確率が高いということ、それまでにも震度5クラスの地震を何回も経験したことで、日頃から家具は倒壊しないようにし、備蓄準備をし、小学校でも引き取り訓練は何回もやっていました。

東日本大震災はそれまでの地震と違い縦揺れがあまりなく、激しい横揺れが起き、ふつう3分程度で収まるはずの大きな揺れが双子のように連なったという感覚で、揺れ3分と3分が連なる一瞬のすきに食卓の下にもぐり、合計6分程の揺れを過ごしました。同時多発テロのワールドトレードセンタービルのように崩れ落ちることも覚悟しました。揺れが収まって、8階から非常階段をかけおり息子の小学校へ向かう途中、道路から煙が上がり、上から物が降ってくる状況でした。走りながら夫にかけた携帯電話はつながりませんでしたが、のちに夫は、着信履歴で私は生きていることがわかったと言っていました。

小学校までの7~8分は長く長く、道は遠く遠く感じました。校庭で子供の姿を確認できた時の安堵感は忘れられません。訓練通りに生徒達も保護者達も揃って、引き取りの指示を待っておりましたが、その時間は長時間に及びました。体育館のガラスが降ってくる心配や余震の中、子供達は防寒コートを着ていない状態でしたし、現場の先生方も、引き渡しの指示がまだ来ないのかと訝しがっておられました。14時46分に地震があり、すぐに子供を迎えに行き、非常に早い順番で引き取れた私が自宅に着いたのは15時半すぎでした。多くの犠牲者を出した大川小学校のことは他人事ではないのです。命を救う以上に、現場の指示だの組織だの、いったい何があるのだろうかと、今も思うことがあります。

子供と帰宅してまずしたことは、バスタブにシャワーで水を溜めることでした。このことが非常に大きなポイントとなりました。特にマンションの場合、電気がダメになると断水します。一軒家の友人宅では水はその後もチョロチョロながら出ていたとのことでした。バスタブに生活水があり10リットル程度のバケツがあれば、避難所に行かずに自宅で避難生活を送ることが出来ます。

プライバシーの中でも最大のポイントはトイレです。男女共同参画の視点からの被災体験を語る今日の催しで、この「トイレ」というポイントは是非とも強調させていただきたいと思います。

水の大切さ

私共は自宅で避難生活を送りましたが、震災翌日、ランドセルなど荷物をとりに小学校に行ったときに避難所となっている教室を見ました。特に忘れられないのが、ひどい臭いです。食料、飲料は、ご帰宅もせずベテランの先生方が配布しておられ、大きなトラブルはないように見えましたが、トイレは深刻でした。バケツリレーでトイレを流すわけですが、使う水はプールの水です。それしかありませんから。夏の水泳シーズンが終わったままの水ということは腐った水です。その臭いと排泄の臭いのまざった臭いでした。

自宅にいて当日溜めた水、あるいは前日のお風呂の残り湯を使えると、排泄に関することは大きく大きく違ってきます。バケツで角度良くトイレに流す（床は新聞紙でガードするとよい）。古いペットボトルの水をタンクに入れて使うのは、試してみましたが、量が足りずに現代のトイレの仕組みに役に立ちませんでした。男女共同参画の視点からは皮肉？なことに、夫が東京の実家に向かわざるをえず不在だったのが、トイレ問題に関してはラッキーでした。というのは……最初にバスタブに溜めた水は貯水タンクからシャワーに来た量だけで多く得られた訳ではなく、断水でいつ水が出るようになるのかわからない状況においては、当然大切に大切に使うわけです。息子はまだ幼いタイプの小学校5年生でしたので、まず息子がトイレを使用し、続けて私が使用し、その後でまとめて流すということをして、水を大切に使いました。汚いのは同じですが、これが夫だったら事情は違い、いくら夫婦でも出来なかったと思います。

バスタブの水が残り少なくなってから、準備してあったポリタンクや給水用袋を持ち、外へ行きました。最終目的地は自衛隊が来ている給水所でしたが、そこに行く前に道端にあった水道の蛇口から水が出ていたので、飲めなくてもトイレ用と決めて汲み、運びました。この時に役に立ったのがベビーバギーです。水は重いのでバギーは捨てずにおいて正解でした。バギーは一階の駐輪場に数字合わせのチェーンキーで置いておくと盗られません。ただし、水の入ったタンクは階段で8回まで運搬するしかありませんでした。この経験から、今の東京の住まいは、マンションのグランドフロアから1つだけ上の階にしました。

このようにしてバスタブ内のトイレ用水を補充したので、結果として、備えとして用意していた、トイレにビニールを貼って薬品で固めるタイプの非常用「トイレプルプル」の出番はなくて済みました。もし出番があるケースなら、消臭おむつ捨てゴミ箱などのベビー用品、介護用品は役立つと思います。

家庭での備え

家庭内の災害への備えについては、各自治体がアドバイスをまとめたものを配布していると思います。これにプラスするとよいものも**表**（次ページ）にまとめてみましたのでご覧ください。

ウエストより高いタンスや戸棚を持たずに生活していたことは幸いでした。写真立てはガラスなしで飾ってありました。額縁のある絵画なども賃貸マンションだったので飾っていませんでした。おかげでメインの生活空間は危険な状態にはなりませんでした。ただ安全装置が付いていた作り付けの棚の中のグラスは破損していましたし、夫の書斎一部屋だけにまとめておいていた身長以上の本棚がある部屋は、落下した書物で扉が開かない状態になりました。

情　報

当初、必要な情報が入りませんでした。非常用ラジオからは、地震当日は東京の九段会館で１人が落下物で亡くなったというニュース、翌日からは、海岸に３００人の遺体が打ち上げられたというニュース、その後は原発と東京の物不足や計画停電の話題になり、宮城県で何が起こっているのか、生活の指針になるような情報は不足していました。東京の視点からの発信だったのです。

停電中は、パソコン等は使えませんでした。考えに考えて、息子と徒歩15分程のところにある地

表　自宅避難時に役立つ「もの」と「こと」*

■防災マニュアルにはないおすすめ商品

「沸かし太郎」（湯沸かし棒：8 ～ 10 時間で水が入浴適温に）

ピアノインシュレーター（ピアノ耐震グッズ）×足の数

ソーラー充電器、単三電池使用充電器（携帯・スマホ用）

■特に重宝したもの

ベビーバギー（給水所からの水の運搬など）

数字合わせチェーンキー（ベビーバギーを駐車保管するため）

10 リットルのバケツ（トイレの水を流すのに使うなど）

2 ～ 3 リットルの湯沸かし電気ポット（水の復旧後、バケツの水を適温にうすめてシャワーの代用）

■あればよかったもの（水がない生活の中で、用意がなくて後悔した）

拭き取りシートタイプの化粧落とし、液体歯磨き

シリアルフルーツ、グラノーラ（牛乳がなくてもつまめる）

■本来の目的とは違うが役立ったもの

生理用品（洗濯ができない間、下着の枚数を少なくできる）

ビニール手袋（水復旧後・ガス復旧前、冬の皿洗いに必須）

■しておいてよかったこと

写真立てのガラスを抜いておく。

食材や生活必需品の備蓄（日頃の買い物でゆとりを）

千円札、百円玉、十円玉の用意（災害備品に含めておく）

■自宅避難の鉄則：水の目途を基準に行動する

水なし食材・非常食⟶水あり非常食⟶調理

冷蔵庫の刺身等⟶乾パンやクラッカー⟶シリアルやグラノーラ⟶レトルトやアルファ米⟶カセットコンロ等での調理（麺類・パスタは水使用が多いので薦めない）

備蓄飲料水：賞味期限内は飲み、期限を過ぎたら歯磨き用へ。

*いずれも筆者（平田）の体験にもとづく。

元紙・河北新報本社の「壁新聞」を翌12日に見に行きました。そこで初めて津波の写真を目にし、何が起こったのかがわかりました。この道中では実に様々なものを見ました。

うちは青葉通りという「東北のシャンゼリゼ」に面していたのですが、通りの両側にびっしりと自家用車が停まっていました。私ははじめ車を置いて避難した人達のものだと思っていましたが、そうではなかったのです。海に近い地域から避難してきた人々がガソリン切れで車の中で過ごしていたのです。中央政府は、通行可能な緊急車両に燃料関係を含めなかったのです。ガソリンもですが、灯油もです。東北の三月は真冬です。もの凄く寒いのです。電気もガスも止まっている中、家の中でも厚着の上にダウンコートを着て火のないコタツにもぐりこんでいました。

道中にはホテルも数件ありました。難民キャンプのごとく宿泊以外の市民にでもロビーを開放して毛布を配り、ホテル内の公衆電話を皆に使わせていたビジネスホテルもありました。

電気の復旧

3月11日金曜日に地震があって、我が家の電気が復旧したのは日曜日の深夜でした。その点では申し訳ないほど恵まれていました。宮城県庁や仙台市役所など行政地区がいちばん早く電気がつきました。この様子を、東京でテレビのニュースを見た夫は、県庁近くの三越の灯りから知ったのだそうです。我が家は仙台高裁や高検など司法地区のすぐ近くで、その次に電気が戻ったのでした。

電気が復旧し、エアコンの暖房やコタツ、テレビ、パソコンが使えるようになりました。携帯電話も充電、マンションの水も出るようになりました。息子と抱き合って喜んだことを覚えています。テレビで、津波の動画や計り知れない被害の大きさを見て絶句したのもこの日です。現実とは到底思えませんでした。

電気が戻って役に立った物は、キッチン家電はもちろんですが、とりわけ湯沸かしも出来る電気ポットです。阪神淡路大震災のさなか出産した方の体験談を読んだ記憶から、古いのも取っておいて2つあったのは大正解でした。10リットル程度のバケツに、2~3リットルのポットの熱湯と水を入れると体が洗えます。スポンジを泡立てて体をこすり、流す時だけバケツの適温湯を使えば体がきれいになります。洗髪は洗面台で同じ要領でやります。頭の後ろがあるので、二人一組でないと難しいかもしれません。

被災地を離れて

電気復旧と日頃からの備蓄食料で女性と小学生の息子だけなら一定の生活が可能となりましたが、通信ツールの復旧で、東北から退避を促す夫や友人知人の声が強くなり、具体的に脱出方法が与えられました。夫が成田空港まで一緒だった同僚は赤ちゃんと奥さんを仙台に残していて、必死に手に入れた切符のおこぼれにあずかりました。山形空港は物資の運搬で満杯なために無理。バスで蔵王の山越えをして新潟に出るルートの切符を受け取る段取りがなされました。乗り場とは離れた場所で通りすがりに目印をつけた人から切符を受け取るよう言われ、スパイ映画のようでした。その時は、バスプールで特に混乱があるわけでも、チケットを奪う暴徒がいたわけでもなく、風評とはこういうものかと思いました。

脱出の日、マンションのエレベーターも動いており、バスプールまでタクシーも拾えたのは驚くべきことでした。そして新潟までの6時間のバスが山形蔵王の休憩所に着いた時、その土産物売場のなにもかもが、まったくの日常でした。この光景は忘れられません。若い頃、ミュンヘンの空港で待たされた時に、コソボの空爆で「安全な空は」混んでいるという説明を受け、悲惨とは限定したり区切ったりし得るものなのかとショックを受けたのと同じ感覚を持ちました。

新潟で迎えに来た夫と合流し、東京の夫の実家で数日お世話になったのち、ミニキッチン・洗濯機付きビジネスホテルに4月あたままで滞在したわけです。この時に、マスコミが東京の計画停電のことばかり大きく伝える様子に対して、私の気持ちは怒りに変わっていきました（☞第1章49ページ）。

子供の学校が遅ればせながら始まる4月に仙台に家族で戻りました。この時は東北新幹線でした。

感覚の違い、ジェンダー意識

ガスは郊外から復旧したので、我が家はゴールデンウイークのころまでガスなしでした。炊事は電気で、お風呂は「湯沸かし太郎」（お風呂を電気でわかせる棒状の器械。東京では、そのような便利に使えそうな物を諸々購入しました）でなんとかやっていました。

子供の学校が始まり驚いたことは、転勤族が皆仙台からいなくなり、代わりに閖上（ゆりあげ）地区など津波の被害にあった場所からの転校生が増えたことでした。給食センターも被災し、給食はパンと牛乳だけの日々が続きました。

この頃、水も電気もない東北での震災を経験していない夫と感覚の違いがあることに気付きました。例えば、ゴミ処理工場も浄水・下水処理場も被災し、応急の簡易処理しかできず海に流している中で、悪気なくカップ麺を食べる夫が無神経に思われて、気にさわるのです。また、今から思うと、自分の内なるジェンダーに気付くのですが、音大の同窓生男性が街かどで楽器演奏しながらカンパを募り、インタビューで「僕らはこんなことしか出来ないから」という言葉に、「男ならヘルメットかぶって瓦礫を片付けなよ」と思ってしまいました。自分はといえば、出来るだけのことをしようと残り湯で洗濯し、すすぎ1回にしたあげく、バスタオルを黴びさせてしまったりもしました。

商店街で

商店街に出かけても色々なものを目にしました。どこで何が手に入るか、知らない者同士で教え合ったり、融通し合ったり、助け合ったり、いわゆる絆もたくさんありました。が、醜いものもたくさん見ました。温度管理の難しいヨーグルトがようやく店頭に並んだ頃、一人で大量に抱え込むお婆さんや、列に横入りする人。

決して挫けない

商店街の垂れ幕には「私達は負けない」とありました。震災の7か月前に母が亡くなり、その10か月前に父が急死した私も、「挫けるものか」と口の中で唱えながら、ふと、頭の中にあることが浮かびました。映画『風と共に去りぬ』の第1幕の終わりで、アトランタから脱出しタラにたどり着いたスカーレット・オハラが泥だらけの根っこをかじりながら、その惨めさに泣きながら神に誓う場面、有名な台詞のはじめ〝As God is my witness〟（神に誓う）の解釈が。

私は少女の頃から長年、これは「神様、見ていてくださいね」というようなニュアンスだと思っていました。しかし、違うのではないか？ 東日本大震災では津波の中、流されながらも一度は助かったのに、救助を待つ間に、あの無情の雪の中で凍死した幼い子供達がいるという。こんなことをする神様ってなんだろう？　と、ミッションスクールで育った私も思いました。スカーレットは「神よ、見ているがいい。ここに誓う。どんなことをしても家族は守ってみせる」と言ったのではないか。私など被災者と呼んではいけないが、そんな思いが、食材やトイレットペーパーを両手に抱えた私の頭の中をグルグルと回りました。

母校のミッションスクールでも多くのチャリティーや祈りがありました。東北を励ます文面には最後に「お祈りします」とか「神のご加護を」的な一言が、決まり文句として普段と同じくありました。私は、そういう決まり文句が、生まれて初めてイヤな言葉に思えて、引っかかりを感じました。東日本大震災においては、神も仏もないんじゃないかと。

ほかにも、色々なことを見て感じ、考えました。自分が逆の立場になった時にどうすればよいのかも知りました。

悪意をもって接してくる知り合いは一人もいませんでした。本当にありがたいことです。が、善意の電話で残りわずかな携帯の充電を家族への連絡に使えず終わってしまったこともあれば、真っ白い葉書が同封されて、これで無事を知らせて下さいと便りをいただいたこともありました。後者をお手本にしようということを学びました。

違和感

それから別のこと。どうしても必要があって、震災のまだ落ち着かぬバスもほとんどない時期に宮城県庁に徒歩で行ったのですが、県庁を自衛隊車両がびっしりと埋め尽くす非日常。それに対する感覚を検証することが必要なのだと振り返っています。あの時、私はあの車両に頼もしさを感じ、安心感を持ち、依存心すら持ってしまっていたのでした。

東京の友人たちは被災に共感してくれようとして、自分もあの時こうだったとか帰宅難民だったという話をしてくれます。けれど、どうしても心の中ではかみ合わないものを感じてしまう。東北で経験した何をどう言っても伝わることは絶対にないのです。そしてそれは、津波ですべてを奪われた人たち、本当の被災者の方がたが、私を含むそうでない人間に何をどう言っても決して伝わらない、ということを教えている。つらいという感情にフタをして生きているであろうことは、せめて忘れずにいなくてはならないと思っています。

自分たちの視点で考えてはいけないのです。たくさんの子供たちが震災孤児となって、都会育ちの、善意の友人たちや私は「その子供たちのために全寮制の学校が出来たらいいな」と漠然と思っていました。しかし、そうではない。親族で育てるのが彼らの文化だったのです。当事者から望まれる支え方があるのです。支援は自己満足、自己実現であってはならないのです。

著名な方の支援も多くありました。息子の小学校には仙台出身で日本を代表するピアニストの小山実稚恵さんが慰問演奏にいらしてくださいました。被害が少なかった私たちがかぶりつきで演奏を聴けたのは申し訳ないような思いで堪能させていただきました。ところがその間、地元の子供達は会場のトイレを使えませんでした。こんなことは、小山さんは決して望んでいらっしゃらないだろうと思いました。両陛下（当時）が式典で仙台においでの際も、ご訪問先の建物で仕事中の者は全員カーテンを閉め窓の外を見ないようにと、周囲が忖度するのです。違和感を覚えるのは私だけでしょうか。

大学女性協会主催「災害を語る会」（二〇一八年三月三日）での発表より

災害を忘れずに生きる

加藤光子

あの3・11当時、水戸市の議員だった私が最も困ったことは情報の混乱であった。市民のライフラインを守る指揮本部となる本庁舎、消防庁舎、水道庁舎のすべてが被災したためである。吹き抜け庁舎の6階にある議場の天井からはアスベストと思われる粉が崩れ落ち、議場は直ちに封鎖された。何度も続く余震と不気味に暗く寒い中、市役所駐車場は避難してきた市民や職員で溢れていた。緊急災害対策本部を駐車場で開始し、夕方に隣接する市民会館に移設した。水道庁舎は使用不能、隣接する公園にテントを張った。

不自由な仮設庁舎から8年、水戸市役所は総合防災拠点としてオープンし、ワンストップで市民サービスも開始されるようになった。4階に防災センターを配置、備蓄倉庫やヘリポートも完備されている。トイレの水も雨水を利用。財政不足で対策が後回しになっていた懸案事項が、大震災を教訓に一気に実現した。

我が家でも水と電気がなくても何とか1週間生活できるように、電池やガスボンベでつく暖房器具や卓上コンロ、ランタン等を常時備えている。ガソリン不足で困った経験から、半分になったら満タンに、風呂の水は次に沸かすまで捨てない、持ち出し用の防災袋は玄関に掛けて置くなど、災害を忘れないような日常生活を送っている。

茨城新聞「時論」から

松本由美子

行政の重要さ再確認　避難所生活体験　2011・5・1

3月11日、その日から私の初めての震災避難生活が始まった。未曽有の被害がもたらされた東日本大地震。被害は自宅にも及んだ。マンション12階のわが家は書棚やたんす、食器棚が倒れ、中身が散乱して足の踏み場もないありさまだった。

避難生活第一夜は、水戸市役所駐車場に止めた車の中で寒さに震え、余震におびえながら過ごした。2日目は県水戸合同庁舎、3日目は避難所として指定された浜田小学校。4日目から6日目までは友人宅や親戚の家を転々とし、7日目は再び浜田小学校へ。8日目（18日）からは茨城空港が再開したので、西宮市に住む長男宅へ身を寄せ、わが家に戻ったのは26日だった。

思いもかけなかった避難生活で、非常時における行政の役割の重要さをあらためて認識した。1日目は街中の電気が消える中、市民会館に段ボールに手書きで書かれた災害相談センター（後に災害対策本部）という案内板の明かりは心強く感じたし、翌朝配給された乾パン、簡易トイレ、6リットルの水はありがたかった。合同庁舎では電話や水洗トイレが使用でき、飲み水が確保されていた。乳児を連れた家族には奥の応接セットが与えられ、杓子定規でない対応に感動した。

3日目の浜田小学校では水洗トイレが使用でき、携帯電話の充電もＯＫ。夕食として温かなまぜ

茨城新聞「時論」から

ご飯が配られ湯沸かしポットが置かれていた。避難所として四つの教室を開放しており、テレビでみるような体育館での雑魚寝ではなかった。入り口では市の職員が24時間３交代でパイプ椅子に座ったままで寝ずの番。職員の自宅も被災しているのであろうが、こちらは安心して夜を過ごすことができた。

また、いかに早く正しい情報を入手することができるかも重要だと感じた。合同庁舎の情報は近隣の方との立ち話から得られた。マンション内のエレベーターホールには「ご存じの生活情報をお知らせください」コーナーが設けられ、「○○で水がもらえます」「○○から水戸駅南北通路が通れます」「○○で生鮮食料品が売られています」などの張り紙。これまでは朝晩のあいさつ程度だったが、非常時の情報交換は時に「命」を守ることにもつながる。日頃のコミュニケーションは大切にしなければと思った。

また、水道が復旧していなかった時、近くの公園の水飲み場の蛇口に自宅から持ってきたホースをつけて若い女性がタオルを洗っていた。あとから使う人のためにホースはつけておくという。震災でなえていた気持ちがつかの間癒えるひとときだった。

震災以降「絆」という言葉が日本中を席巻しているようだ。エレベーターやエントランスホールでマンションの方たちの交わす言葉の数が増えたと感じるのは私だけではあるまい。加えて、役に立ったのがインターネットの活用。余震におびえながらもできるだけパソコンを開き、茨城空港や路線バスの運行情報などさまざまな情報の入手に努めた。それにしても非常時に一般の固定電話や携帯電話がすぐに使えなくなるが、技術革新によって対策を講じられないものだろうか。

福島原発の惨状は原子力の安全神話を見事にひっくり返したが、皮肉にも豊富な電力の供給を後盾に便利さを享受してきた私たちの生活を見直すきっかけになった。一方、風評被害は農業・漁業関係者の「死活」につながる。政府やメディアは正しくかつ分かりやすい情報提供を心掛けてもらいたい。

震災体験を次世代に　市民アンケートの教訓　2012・3・25

男女共同参画社会の実現を目指すグループ・団体の連合体である「ハーモニーひたちなか」が、昨年秋、市の協力を得て震災に関するアンケート調査を実施した。調査の目的は、ひたちなか市で地震で大きな被害を受け、今までの日常が当たり前ではなかった、という強い思いや経験を忘れることなく次世代に伝えていくためで、このことを男女共同参画の視点から調査したことが特徴。対象は子育て世代を中心に、約4000部を配布、約2600部が回収された。地域や性別、年代などの属性のほか、3月11日当日のこと、それから1週間の間のこと、今後の防災についての3部構成となっている。地震直後最も心配だったことは「家族との連絡が取れなくなること」で、「子どもや乳幼児を連れての避難」も心配だったようだが、「その他」として、選択肢になかった「家族の安否や子どものこと」についての記載も多かった。

地震発生と同時に多くの交通手段がストップ。徒歩などで何時間もかかって帰宅した者がいた一方で多くの帰宅困難者も発生した。これを受け東京都ではこのほど大災害時の帰宅困難者対策を講じた。ひたちなか市でも自宅以外にいた配偶者（主に夫）の15％がその日のうちには帰宅できていない。帰宅困難の問題は大都市だけではなく、地方都市でも何らかの対策が必要なのかもしれない。

ところで内閣府男女共同参画局は震災直後の３月16日に出した「女性や子育てのニーズを踏まえた災害対応について」（避難所等での生活に関する対応の依頼）の中で、避難所で提供される物資に含めるものとして①生理用品②おむつ③粉ミルク④哺乳ビン⑤離乳食等を示し、「女性や子育てに配慮した避難所の設計」に関しては、①プライバシーを確保できる仕切りの工夫②男性の目線が気にならない更衣室・授乳室、入浴設備③安全な男女別トイレ④乳幼児への対応を挙げている。それらの取り組みは都道府県を通して各市町村に伝達されたのだが、どれほど各自治体の災害対策に反映されたのであろう。

調査によると自宅以外に避難したのは約４割。避難先でいちばん多かったのは「市が開設した避難所」ではなく、自主的に開設された「地域の避難所」だった。ひたちなか市の場合、東北３県のような長期にわたる避難所利用者は少なかったが、今後避難所に望むことで最も多かったのは「プライバシーへの配慮」で約８割。次いで「男女別トイレや更衣室」、「女性の安全確保対策」「避難所の運営の責任者に女性を入れてほしい」など。また９割以上が「防災や復興対策に性別への配慮が必要である」と答えており、その内容は「避難所の設置・運営体制」や「食糧、飲料水、医薬品等の備えや供給体制」などについてだった。女性特有の生活必需品の配布や女性がトイレを使用する時の安全確保等、避難所の運営ばかりでなく、防災や復興対策でも男女共同参画の視点は必要だ。

「３月11日以降、災害に備えて家庭で話し合われたこと」と「震災を体験して思うこと」についての自由記載欄には、どちらも１千件以上の書き込みがあった。それだけ今回のアンケートが、市民に命の大切さ、家族の在り方、何でもない日常生活のありがたさ、近隣関係、原発問題、情報の問題などを考えるきっかけになったことは間違いないようだ。次世代に語り継ぐべく貴重な資料となった今回のアンケート結果が十分に利活用されるよう期待したい。

行政と協働し減災へ　災害時の女性の視点　2017・3・12

東日本大震災から6年。いまだに12万人を超える避難者が元の生活に戻れずにいる中、本県でも昨年末には震度6弱の地震が発生、6年前の恐怖が思い起こされた。おととし9月には常総市で大水害が発生、続いて昨年4月の熊本の大地震と、今や日本列島、どこにいても自然災害に遭遇する可能性がある。

さて、この1月、常総市大水害「被災者の声」を記録する会（代表・長谷川典子元常総市長）が主催のシンポジウム「被災から復興・再生へ～私たちの暮らし」が開かれ、同時に記録集も発刊された。常総市では洪水時に4300人がヘリなどで救出されるという事態が発生している。シンポジウムでは「避難時の適切な情報提供」を望む声が上がった。記録集の中の「成人女性へのアンケート調査の実態と分析結果」にも、「避難指示・勧告」の情報を得ていないとの回答は17・4パーセントで、防災無線は聞き取りにくい、危機感が感じ取りにくいなどの指摘もあった。そして情報の周知、男女の人権・立場の違いを尊重した支援と避難所の運営、男女共同参画の視点を取り入れた復興、防災体制など10の提言もなされた。

2月7日、県国際交流奨励賞の授与式が行なわれ、みと男女平等参画を考える会（西連寺節子代

茨城新聞「時論」から

表）が受賞した。受賞の対象になったのは、東日本大震災に遭遇し、「わが家の防災ノート」を作成したことを機に、地域の外国人向けに易しい日本語、英語、韓国語、中国語による「防災ノート」を作成、配布したことの功績。災害で忘れられがちな外国人への心配りで、日頃から人権問題や男女平等に関心をもち勉強を重ねてきた市民グループならではの気付きであったことがうかがえる。

２０１２年には男女共同参画社会の実現を目指すグループ・団体の連合体「ハーモニーひたちなか」が市と協働で約４千人（回収率64％）を対象にした大規模なアンケート調査結果から得られた課題を女性の視点で、①避難所の運営体制の責任者に女性を登用する ②女性や子どもの安全対策 ③防災・復興に関する啓発活動のより一層の推進 の三つを市長に提言している。

災害がきっかけとはいえ各地で防災に女性の視点を取り入れることの大切さが認識されるようになり、国の中央防災会議の女性委員の割合は震災前年には11・5％であったのが４年後には17・９％に、県はゼロだったのが11・８％に上がっている。

15年1月にハーモニーひたちなかが主催した公開講演会「地域を創る」で、講師の天野和彦さん（福島大学特任教授、うつくしまふくしま未来支援センター）は、東日本大震災時、県庁の職員としてビッグパレットふくしまで3千人を超える避難者受け入れの責任者として関わった経験から、情報共有の大切さ、縦割り支援は役に立たないこと、避難者の「交流」と自治活動の促進について述べたが、肝に銘じたいのは、常総市のシンポジウムで看護師長の女性の「ヘリでの患者の救出の順番」などの発言と同様に、いざとなったとき「普段準備している以上のことはできない」ことである。

常総市ではつい先ごろ、「減災対策協議会」が、住民一人一人の避難時期など洪水時の行動をまとめた「マイ・タイム・ライン」を完成させたという。東日本大震災を機に、各地で広がりを見せる女性の、災害および防災への関心と取り組み、検証が一過性に終わることなく、これからも声を上げ続け、行政と協働して減災につなげていくことが求められる。

東日本大震災に関連して書かれた論説記事の転載（松本由美子氏は茨城新聞客員論説委員）

新たな取り組み

●――災害とジェンダー　少女と女性のための防災ブック作成とワークショップ

Ｔｏｒｃｈ ｆｏｒ ｇｉｒｌｓ代表　**櫻井彩乃**

２０１５年3月に仙台で開催された第3回国連防災世界会議のパブリックフォーラムの一つである「災害と少女たち～ガールズ防災会議～」において、震災当時に高校生や大学生だった当事者の方々から、「原発事故によるからだへの影響を考え、将来出産できないから結婚できない」「強姦された子がいた」「同世代の女の子と本音で話せない」「原発で働く彼の子を妊娠した」などの声が上がりました。今まで社会の動きに無関心だった、自己決定をしてこなかったなど、反省の声も聞かれました。

一方、日本政府主催のイベントで、アメリカから来た大学生の「東日本大震災の時に、女性に対する性暴力はありましたか？」という質問に対して、官僚が「そのような報告はありません」と答えていました。それを聞いて、少女たちの声をなかったことにしてはいけないと思いました。

阪神大震災や東日本大震災を経た現在でも、災害とジェンダーを巡る問題は重要視されていない現状があります。私たちは、同じように苦しむ少女・女性が一人でも減ってほしいと思い、これまでの災害時被害に学び、女性や少女が強く賢く生き抜く一助になりたいと考え、防災ブック「Torch for Girls～自分で自分を守るために～」を作成しました。また、「もしも」の時に備えられる防災リュックやポーチをつくるワークショップの開催に取り組みました。

Ｔｏｒｃｈ ｆｏｒ Ｇｉｒｌｓとは

聖心女子大学にてジェンダー学の講義を受講していた数人とともに、初代学長マザー・エリザベス・ブリットの"No matter where you are, you must be torchbearers of love"（社会のどんな場所に在っても、その場に灯を掲げる女性となりなさい）の精神に基づき、２０１５年1月に設立しました。日本の少女たちが「自分には多くの可能性がある」「自分の未来は自分で決める」と行動できるように、torchbearers として取り組み、様々な方々に寄り添い心を照らす活動を展開しています。日本の若者、特に少女たちは、自己肯定感の低さ、社会、政治、未来への無関心といった課題に直面しています。私たちは、こうした状況に危機感をもち、勉強会やイベントを開催し、少女たちが社会や世界に目を向けて行く場づくりを積極的に行なっています。

東北での聞き取り調査

国連防災世界会議参加をきっかけに、もっと多くの少女の話を聞き、その声を基に災害や防災について考えることができる冊子等を作りたいと考えました。そこで、「災害と少女たち~ガールズ防災会議~」登壇者にコーディネートしていただき、震災当時15~24歳の少女・女性を対象に、災害時の状況、災害時に必要だったもの／あったらいいなと思ったもの、避難所や避難生活の様子／困ったこと、について聞き取り調査やアンケートを実施しました。実際にきかれた声の一部を紹介します。

・トイレが男女共用で、トイレに行くまでが暗く、鍵がかからないため、怖かった。友だちがトイレに行くのを我慢して膀胱炎になっていた。

・女性専用の着替える場所や授乳室がなく、まわりの目を気にしながら着替えたり、授乳したりせざるを得なかった。着替えているところを見てくる大人がいて嫌だったけど、何も言えなかった。

・支援物資の下着がTバックなどの過激なものが多かった。贅沢は言えないが抵抗感を感じた。嫌だった。

・避難所のリーダーや物資担当者が男性だったので、女の子が必要とする要望を出すことができなかった。下着や生理用品が届いても、もらいに行きづらかった。

・避難所で知らない人が隣で寝ていて、からだを触られた。

・県外から来たボランティアの人から性暴力を受けた。

・原発から近いところで被災した。今後、からだにどんな影響があるか分からないから怖い。子ども産めるのかな。心のケアをしてほしかった。

こうした震災当時の話を聞いたことが、少女のための防災ブックの作成と、「もしも」の時の備えとして防災リュックやポーチをつくるワークショップの実施につながったのでした。

防災ブック「Torch for Girls ～自分で自分を守るために～」

少女を読者に想定して、以下の内容を盛り込みました。

① 避難方法

② 津波・火災・原発事故などの二次災害から身を守る方法

③ 災害時の少女や女性を取り巻く状況。東北の調査で得られた少女の声を収録。

④ 少女たちが困ったこと、必要だったもの
⑤ サバイバル術（物資の活用術）
⑥ 応急処置＆セルフケア方法
⑦「こんな時、どうしたら?」お助けガイド。性に関すること：性感染症、アフターピル（緊急避妊ピル）など、自身を守るための必須情報
⑧ いざという時に頼れるところの紹介
⑨ オリジナル防災キット（リュックやポーチ）作成に役立つリスト

ブックは災害とジェンダーを取りあげた女子大学の授業やNGOのワークショップの際に配布されました。

施策として実現

これらの経験を活かし、私はその後葛飾区男女平等推進審議会委員、女性のための防災対策等検討委員会委員（東京都葛飾区）をつとめました。防災とジェンダーについての観点を取り入れるための提案を続け、その一部は葛飾区男女平等推進計画（第5次）に施策として実現しました。

大学女性協会主催「災害を語る会」（二〇一八年三月三日）での発表より

ご遺族へのケアと支援

ＪＲ福知山線脱線事故（２００５年）の救援活動を原点に、看護師として

久保田千景

２００５年４月25日９時18分、兵庫県尼崎市を通るＪＲ福知山線で列車の脱線事故が発生しました。当時、大阪市内の救命救急センターの看護師として勤務していた私は、同僚から「尼崎で列車に車が突っ込んだらしい」と聞きました。救命救急センターの医師や看護師と共に情報収集をしたところ同様の内容を確認したのですが、いま考えますと、この時は、ニュースとして世に知られる際に実際に生じている事象よりも軽い事象のように思われるという、災害初期に起こりがちな受けとめ方をしたように思います。時間を追うごとに事故が大変な状況であることを知り、そうこうしているうちに勤務先の病院に「医師と看護師で２チームを編成し、２台の救急車で救護に来てほしい」という要請がありました。私は看護師としてチームに配置され出動しました。

現地では事故現場近隣の企業が自主的に救援活動を実施しており、さらに近隣の病院から応援が集まり、計22の病院から、それぞれ複数のチームが現場に集まり救援活動を行ないました。当初兵庫県内の病院が対応をしていましたが、傷病者の数が結果的に５６２名、死者１０７名と多数であり、大阪府の病院からも救援活動に行くことになったのです。しかし大阪市内より尼崎市へ救急車で向かう際、阪神高速ではいつもの渋滞、そして現場を見に行こうとする一般車両の渋滞に巻き込まれ、現地到着は12時10分でした。４月といえども炎天下で大変暑く、ヘルメットにジャンパーを着て、救護のための荷物を持った私たちのユニフォームにはじわじわと汗が滲んでいました。

助からない命もある

現場に到着した時、私は目の前に事故で脱線して積み重なった列車がはるか高く上方にある状況を見て、まるで映画のセットのような光景に圧倒されて、我を忘れてしまったことを今もはっきりと覚えております。現地の統括指揮者より「(助かる見込みのある傷病者は) みな近隣の病院に運ばれた。今列車内にはご遺体が多数いらっしゃる」と状況説明を受けました。災害医療は助かる見込みのある方を優先して治療し、死亡もしくは助かる見込みのない方は病院へは搬送しません。その理由は、通常の医療とは人員と器材の量が異なるからです。

その時ハッとして、「現場はご遺体のみになったのか……残念だが……そのご遺体となられた方のご家族の心情はいかばかりか……」と思いました。当時、事故現場では、ご遺体となられた方の携帯電話に次々とかかってくる、おそらくご家族の方からでしょう、鳴り止まないコールであふれていたと伺っております。

その当日、私は救援活動の残務のため帰宅が夜になったのですが、母親からの留守番電話が数え切れないほど入っていました。ご遺体となられた方のご家族や近親者の方がたと同じ状況だったのだと思いました。しかし、彼らに返信が来ることはなかったのです。

私たちは統括責任者より、事故現場近隣の多くの傷病者がいる病院への支援を要請されました。その病院に出向くと、病院の廊下は傷病者であふれ、集中治療室は通常ならば8名程度しか入院できないはずが、20名以上の患者さんであふれていました。その中の2名を私の勤務先の病院へ搬送して治療を継続してほしいという要請を受け、その2名の方を救急車で尼崎から大阪市内へと搬送しました。痛みとたたかう方の叫びに対応しながら、道中大変長く感じました。

ＪＲ福知山線脱線事故では多くの方がお亡くなりになられました。助かる命もあれば、助からない命もあり、対峙した状況は大変切ないものがありました。

災害死亡者家族支援チーム

この災害において、日本で初めてトリアージという治療の優先順位を決める方式が採用されたため、助かる見込みのある傷病者の方の病院搬送がスムーズであったと評価されています。一方、お亡くなりになられた方のご遺族の方のケアについては課題が残りました。そこで設立されたのが、災害時にご遺族となられた方へのケアを専門にする日本ＤＭＯＲＴ（Disaster Mortuary Operational Response Team：災害死亡者家族支援チーム。後に一般社団法人化）です。初期のころから私はメンバーとして参加しています。実際に仲間が各地の災害時の遺族支援のために出動しています。私たちのチームは、国内のさまざまな場所で研修会を開催し、一人でも多くの医療職者が災害時に遺族支援を実践できるように活動をしています。また、その後私は大学院博士前期課程に進学し、「家族支援専門看護師」という資格を得て、現在も災害時における遺族支援についての学術的研究を進めています。

ＪＲ福知山線脱線事故の救援活動に携わったことは、災害時における遺族支援についての方向性を導くために学術的見聞を広くするという私の原点となりました。未曾有の災害が頻発している昨今、ご遺族となられる方がいらっしゃることは避けられない状況であり、助からなかった命と向き合うご家族の支援について今後も考えていきたいと思っております。

くまもと未来への復興人材育成事業

岡本美和

熊本県の県立高校で家庭科の教師をしています。私の住む水俣市は震源から離れており自宅は無傷でしたので、被害を語ることはできません。熊本地震では少しの場所の違いで被害に大きく差がありました。その差を埋めるため、現場を見たり、話を聞いたりする体験が生徒にも教師にも必要でした。私も機会あるごとに災害と防災・減災の学習をしてきました。その中で東日本大震災後の若い方の経験を聞くことがあり、自分の生徒にたちにもぜひ聞かせたいと思いました。ここでご報告させていただく「平成29年度くまもと未来への復興人材育成事業」は、そんな思いから取り組んだものです。

事前学習　西原村社会福祉協議会より講師招聘

西原村小森の仮設住宅に隣接する地域支え合いセンターの職員の方から、仮設住宅における生活の実態と課題について講話をいただきました。阿蘇郡西原村は、多くの方が農地もある一軒家に代々住んでおられ、集合住宅に住んだことなどないのです。隣との距離が近すぎること、物音や話し声に慣れない、生ゴミは庭先に埋めていたのを、分別しなくてはいけない、そういう戸惑いや困りごとが急に降りかかってくる。高齢化などもともと地域が持っていた課題が仮設住宅に凝縮されているという説明も聞きました。

現地学習　南阿蘇・西原村の見学と仮設住宅での交流活動

バス1台を借り上げ、南阿蘇方面に行き、被災地の見学と、西原村仮設住宅での交流活動を行ないました。被災状況の見学は主に車窓からとなりました。途中、立野というところに小さな「復興ミュージアム」ができていて、震災直後の写真がパネル展示されていました。私たちはテレビで何度もこの被害の状況を見ていたはずなのですが、すっかり忘れていたことに我ながら唖然としました。この地域はまだ水が戻っておらず、農業も再開のめどが立っていません。復興に10年かかるとしてその後の人生をどうするか、という問いかけに、生徒たちはいろいろと考えたようです。

仮設住宅の「みんなの家」で、高齢者の方がたから仮設住宅での暮らしについてお話を伺いながら、一緒にアクリルたわしを作って交流しました。昼間のイベントなので、必然的に参加者は高齢者ばかりになります。生徒は介護施設での実習で高齢者との関わりには慣れており、積極的に話しかけて楽しむ態度が見られ、参加者のみなさんにたいへん喜ばれました。

事後学習　宮城県の高校家政科の卒業生の方を講師招聘

東日本大震災当時、県立高校の家政科に在学していた方を講師に迎え、「熊本のために自分ができること」を考えるワークショップを行ないました。誰を呼ぶのかの人選は、研修会で出会った宮城県の家庭科の先生が県内の会合で呼びかけてくださって、ぴったりの方を紹介いただき、パッと実現しました。

震災当時の体験談や、その後いろいろな人と関わりながらボランティア活動をされていることなど、少し年上で一歩先を進んでいる講師に親しみを感じながら、生徒は熱心に話を聞いていました。あとで聞いたのですが、この講師の方は、津波の映像をまだ直視はできないのだそうです。そのあたりの心情が、身近な人を失っていない私たちが想像で補わなければならない点です。

まず自分が置かれている状況を把握し、次に熊本地震の課題について話し合いました。農業被害、道路の被害、特に57号線という熊本と大分をつなぐ道路の復旧は簡単ではないこと、観光客の減少など、現地学習で見てきたことが反映されていました。また、住宅の復旧や仮設住宅の入居期限のこと、高齢者の生活についてなども、多くの意見が出ていました。最後に、熊本地震の課題の解決方法を、自分の好きなもの、得意なことを生かすことにつなげて考えました。生徒たちは自分の進路に応じた課題を意識して、社会で自分の役割を責任持って果たすことが熊本のためになると考えたようでした。

大学女性協会主催「災害を語る会」（二〇一八年三月三日）での発表より

後記――「災害を語る会」では他の支部の皆様の被災体験のお話がとても胸に響きました。私のしていることはとても小さいのですが、このたびの発表をとおして、教育の現場で目の前の生徒たちに力をつけることが私の役割なのだと確認することができ、聞いてくださった皆様に感謝しております。

2022年2月追記

熊本地震からやがて6年がたちます。この事業には3年続けて取り組みました。復旧が進み、仮設住宅も規模を縮小していきました。一方で、地震の痕跡は分かるように残されてきました。

新しい水俣市役所の庁舎が完成しました。被災した旧庁舎を毎日目にしていたのに、薄れていた地震の記憶や次の災害への覚悟を、この原稿を見直して思い出しました。また、昨年は、山をひとつ越えただけの場所で豪雨災害が起こりました。自分のところでなくて幸いだったと思いかけたところで、20年近く前に、私たちもここで大切な人を豪雨災害でなくしたことを思い出しました。

大学女性協会熊本支部では、地震後3回阿蘇を訪れ、はじめは被害の状況を、その後は少しずつ復旧が進んでいく様子を見てきました。今はコロナ禍で中断していますが、鉄道も道路も復旧した阿蘇をまた訪れて「思い出し」、記憶をつなぎたいと思います。

第6章

未来へつなぐ

国をこえて、世代をこえて

世界に向けて*

*会員が海外で行なった災害に関する発表（原文英語を本人訳）

減災のためにできること

平田恭子

大卒女性インターナショナル世界大会（2019年、ジュネーブ）で

1999年から2011年まで日本の東北地方最大の都市、仙台で暮らしていた私は、2011年3月11日、東日本大震災にあいました。地震が多い日本の歴史上でも、これほどの規模の大地震は869年の貞観大地震以来のこと、千年に一度の巨大地震でした。

8階に住んでいた私は、ニューヨークのワールドトレードセンターのように倒壊で死ぬことも覚悟しました。マグニチュード9という揺れは、歩くどころか立っていられない、這いつくばることもできない揺れ方でした。それでも、街の中心部に位置する我が家は被害が最も少ない部類に入ります。大津波に家も家族も、すべてを奪われた人々と比べれば、自分を被災者と言ってはいけないと思っています。しかし、ライフラインが止まった漆黒の闇の中、我と我が子の死の恐怖に直面した者として、自分の目で見たことを直接話すことが使命であると考え、今日ここに来ました。世界中でいつ誰もが、ある日突然、被災者になり、日常生活が根底から覆されるかもしれないのだから、私が得た教訓を大卒女性インターナショナルの会員やこの場の皆様と共有することは、危機の際の

苦しみを少しでも減らすことに役に立つと思ったのです。私はごく普通の人間で、特別な肩書きや受賞歴もないただの一般会員です。しかし、あの時、小学生だった息子が大学生になった今年、一つの節目と思い、勇気を出してここに来ました。いつか何か役割を果たさなくてはならないと思っていました。もはや、幼い我が子を守る必要がなくなった今が、その果たす時だと決意したのです。

この大会のテーマが「平和は教育から」という点に心をひかれました。災害からの復興を果たすためには、教育そのものが復興であると私は信じているからです。「復興は教育から」なのです。被災しても、身につけた教育だけは、何があっても奪われることがないからです。たとえ娘のほうが優秀でも仕方なくそうなります。その女子学生達への支援は必要です。

非常時の「正解」とは

家が無事でありながら避難所にいる人もいて、その人たちには帰宅の要請がアナウンスされていました。一人ひとりがしっかり準備をしていたら、公共の避難所は家を失った人など本当に必要な人が使えることにつながります。小さなホテルのロビーも、毛布にくるまった人で一杯でした。そんな混乱の中、被災の当事者に寄り添うような、役立つ映像や情報をみることはできませんでした。非常用ラジオから流れてくるのは、原発事故をはじめ、首都の視点からの情報ばかりです。被災地で何が起きているのか、行動の指針となるようなものは何もなく、あの時、現地とそれ以外は別の世界だという体験をしました。ローカル新聞社の壁新聞を見に行き、そのとき、初めて津波の写真を目にし、何が起こったのかがわかりました。津波の晩は雪でした。

東日本大震災では最終的には2万人が亡くなっていますが、その90パーセントが津波による水死です。どうすることもできない状況でした。ただ、地震後、置き引きや空き巣はあったものの、略奪や暴動は、自分の目でも、報道をとおしても見たことがなく、また、路上でただ泣き叫んでいる人も、怒鳴り合う人の姿も見聞きしませんでした。これほどの惨事の中、一定の秩序が保たれていたのは、我慢、協調といった日本の義務教育の一つの成果と言えましょう。

しかし一方で、周囲に合わせるばかりが正解とは限りません。平時なら守るべきルールも、ルールに縛られて一刻を争う非常時の対応を遅らせることがある。このルールが海沿いの小学校では悲劇を生み、ほとんどの教員や生徒が想定外の津波にのまれて亡くなりました。自分で判断して山に走った者だけが助かったのです。

すべてを奪われた本当の被災者は、ここに立ち、皆様にお話しすることができません。また、危険を冒しながら人々を助けた本当の英雄たちは亡くなり沈黙しています。

ヘルメット姿の力持ちや医療関係者は周囲の役に立つことが出来ます。下水処理場の職員たちは津波で壊滅的な被害を受けた現場で、誇りをかけて仕事を続けました。そんな中、私たち大学で学んだ女性に何ができるのでしょうか。大学で学んだことにはどんな意味があるのでしょうか。

女性のリーダーシップ

２０１８年3月、私たち日本の大学女性協会では「災害を語る会」が持たれました。１９９５年の阪神淡路大震災、２０１６年の熊本の大地震、２０１５年の鬼怒川の大洪水の経験者の外に、私と、災害にあった女子たちの支援活動をしている大学生が発表を行ない、その後発表者と聴衆との間で意見が交わされました。そこでは、災害時や危機の際の対応には、最も弱い存在でしわ寄せを受けやすい女性の意見・提言や視点が反映されているのか、反映されていなければそうするべきだという話が出ました。

私が調べたところ、国や地方自治体の方針決定には、女性の意見・提言や視点が反映されていました。自治体が作成したハンドブックは各女性団体の監修を経ています。英語のものもあります。

そして何よりも、防災枠組みとしての集大成は、2015年に仙台で開催された第3回国連防災世界会議での「仙台防災枠組　2015－2030」です。そこには各国が基本とすべき指針として「女性のリーダーシップ」が記されています。大学女性協会仙台支部の一人がこの枠組策定に関わっています。市民団体と宮城県の超党派女性議員はフォーラムを開催し提言を行ないました。また、この仙台防災枠組の作成時、内閣府の防災担当普及啓発参事官は女性でした。東京都の知事、仙台市の市長も女性です。この指針を実際に活かすためにはどうしたらよいでしょうか。国連防災世界会議はテレビでも放映されましたが、今では忘れられているようです。ましてや、この指針が頭に入っている人は女性でもどれほどいるでしょうか。せっかくの先人女性の尽力の賜物を、活かさなくてはなりません。私も読んでみましたが、難しくて大量でした。それでもわかろうと努めることが大事です。

「災害を語る会」では、例えば、物資の配給の仕方に疑問を感じたという経験を聞きました。同じ物を同じ数だけ、どんな事情の人にも配ることが果たして本当の平等なのか。下着の配布の際の実例などが報告されて、ジェンダーの視点が重要なことを認識しました。現場で女性が積極的にリーダーとして行動していたなら防げることだったと思います。

大学で学んだ女性は、リーダーシップを発揮することを躊躇しない存在でありたい、そして、その役割を果たすことこそが大学で学んだことの意味なのだ、というのが私の結論です。女性のリーダーシップは社会の規範をおびやかすようなものではありません。社会を救うことに役立つものです。女性は補助・サブだという社会的刷り込みや因習の残る地域であっても、率先して行動することが求められています。

災害などで茫然自失となった時は、過度に依存的で危うい、すべての判断をだれかに白紙委任したいという気持ちになる人もいます。適正な仕切りを行なうには、教育の裏付けと、社会的な経験を積む中で培われる能力がなければならないでしょう。そして、率先して行動する姿を見せることそのものが、若い世代に対する教育だと私は思います。自然災害はまた何回も起きます。自分の災害に対する姿勢を通し、世代を超えて知見をつないでいきたいものです。

準備ができていれば強くなれる

減災のために、少しでも悲しみを少なくするために、すぐに取り組める準備リストも、いろいろなものが出されていますので活用されるといいと思います。私が意外に思うのは、こういったリストやガイドラインがあり、そのことが公報されているにもかかわらず、誰もが警戒して準備するようにはなっていない、実際、何も備蓄をしていない人がとても多いということです。まず自分が準備をして余裕を持つ、そのことが、まさかの時に他者をサポートする余力を生みます。被災するということは圧倒的に不利な状況に置かれるということです。そうならないためには、日頃からの準備が必要なのです。自分の準備ができていれば強くなれ、少しでも他者をサポートすることができるようになります。

合理性だけでは割り切れないことも

少し違う観点からも、東日本大震災を現地で経験したことについて見解を述べたいと思います。人間はサイボーグではありません。ひとつの言葉ですら被災者を傷つけることがあるということを知りました。被災状況を心配した善意による友人からの電話を受けたことで、携帯電話の最後の充電が切れてしまって家族と連絡がとれなくなった私自身の体験も、考えさせられることでした。頑張れない人もいることも知りました。震災から1か月も経たないのに、パチンコ店の前に、平日の開店前、長蛇の列を見たことも衝撃でした。

合理性で割り切れることばかりでないことも学びました。あれから8年が過ぎて息子が巣立ち、夫婦で再び東京から仙台に戻って居を構えることを考えた今年、私は長い年月暮らした懐かしいあの8階に住みたいと強く思いました。そこが我が家であったことを、つくづく思い知りました。その瞬間、なぜ津波に遭った人々が、次は高台に住もうとせず、できることなら元々住んでいた海辺の場所に盛り土をしてまで、また戻りたいのか、それまでずっと不思議で、何でそんなことをするのかともどかしく思っていたことが、心の底から理解でき、共感もしたのでした。

危機管理において、人の気持ちを尊重することと、危険回避とのバランスを考えることの難しさも知りました。よくよく考えて判断を下さなければなりません。私は、そのようなときにこそ、深いところで、大学で学んだことが活きてくるように思います。

先日、海辺の遺構を訪れました。8年という歳月は長いのか短いのか、震災以降に植えられた防風林はまだ背も低くまばらでした。海外からも多くの若者が遺構を訪れていました。

最後に、声を大にして言いたい。何もしなくても自然災害は起こり、どの国でもどんな人でも、それだけで手一杯です。それなのにその上、わざわざ紛争や戦争を起こして国土を荒らし、人々を苦しめることが、どれほど愚かであることか。その教訓をも私達は次の世代へとつなぎ、よりよい社会を築こうと努力していきましょう。ご清聴ありがとうございました。

2019年7月27日講演（第1章、第5章の平田原稿との内容重複を避け、一部を省略、短縮した）

アジア大学女性連盟第9回総会（2012年、バンコク）で

Flight from Fukushima 福島からの遁走

稲田信子

福島は、自然豊かなところです。昔から農林業が主産業でした。太平洋岸沿いにあった炭坑が閉山になったあと、雇用創出のために原子力発電所が誘致されました。ここで発電された電気は首都圏に送られ、福島のためではありません[★7]。2011年3月11日の東日本大震災を引き金として、この発電所で大事故が起きました。放射能汚染から逃れるために、200万福島県民のうち、2012年5月時点で16万人の人々が故郷を離れ、避難生活を送っています。チェルノブイリ事故と同じレベル7のこの災害を調査した「国会事故調査委員会」は、2012年夏に公表した報告書において、これを「人災」と断言しています。この発表では事故の経過を簡単に述べ、現在、福島

の人々がおかれている状況を振り返り、そこにあらわれている暴力と人権の問題を考えたいと思います。

国会事故調報告書に示されている、2011年7月2日時点における「セシウム137の蓄積量」をご覧になると、放射能は決して同心円状に拡散したのでないことがお分かりになるでしょう。政府はもともと原発事故が起こった際には、発電所から10キロメートルの範囲の住民に避難指示を出すとしており、地方自治体とともにそれなりの体制をとり訓練を実施していました。しかし、事故の実態はそうした想定をはるかに越えて拡大しました。12日には最初の水素爆発が起こり、政府は20キロ圏の住民にまで避難指示を出しました。14日には3号機が爆発、15日には4号機と2号機が爆発し、政府は30キロ圏の住民にまで拡げて屋内退避勧告を出しましたが、この間、枝野官房長官は「健康にはただちに重大な影響はない」と繰り返し言い続けていました。

＊

原発は、大熊町と双葉町に立地しています。ところが住民の多くは避難指示が出るまで事故の情報を聞かされていませんでした。その理由は、情報網が地震で寸断されたためもありますが、避難指示すら届かなかったケースも数多くありました。大熊町のOさんは「携帯もテレビもつかず、ラジオは津波のことしか言わない。翌朝、隣町へ行ってようやく避難指示が出ていることを知った。みんなに戻って知らせたかったが、避難する車のラッシュで戻るに戻れなかっ

★7　この言葉のあと、会場にはざわめきが起こり、「聞き間違えか」と質問された。タイの次に訪問したスリランカの大学女性協会本部での発表時も同様だった。アジアの女性たちは、差別の構造に敏感だったのだ。日本人が見過ごしている現実に気づかされた、忘れられない経験だった。

た」と嘆いています。原発立地自治体以外の町村には、事故の情報や避難指示がさらに遅れました。政府や事業者からまったく情報が届かなかったなかで、2万人の人口を抱える浪江町の馬場町長は14日、独自の判断で住民を二本松市に避難させることに決めました。避難はしたものの、放射能が風雨に運ばれ、北西方向に降り注いだために、結果的に放射能が高い方へと移動してしまった人々もいました。

＊

県内の住民の多くが、2012年3月までに避難を複数回繰り返しました。最初に述べたように、政府が想定していた緊急時の避難区域は原発から10キロの範囲でしたが、それが次々と広がる中で避難区域となった自治体には、対処する体制がなく、情報や指示もない状況で「自主避難」が促される有り様でした。人々は五里霧中で逃げまどったと言えます。やっとたどりついた避難所が一杯のため別のところを探さねばならなかったり、短期間と思い着の身着のままで避難したために寒さで凍る思いをしたり、食べ物に困る人も多くいました。入院患者が取り残され、あるいは避難中に亡くなるという痛ましいケースも起こりました。自宅の建物内にとどまる「屋内退避」を命じられたところでは、域外から生活物資が届かなくなったことで、人々が生活に窮するという事態が生じました。

国会事故調は、「自主避難は政府の責任の放棄」と断定しています。政府は4月22日になってようやく原発から20キロ以遠、1年間の積算線量が20ミリシーベルトになるおそれがある地域を「計画的避難区域」とし、住民には別の場所へ5月末までに避難するよう指示し、7月になって一帯をバリケードで封鎖しました。しかし、それまでの間どれだけの放射能を浴びたのか、住民は強い不安を抱えています。

＊

事実上、いま、福島県は2つの地域に別れています。一つは、放射能が高く立ち入りが制限されている地域。もう一つは、政府・自治体によって安全だとされる年間線量が20ミリシーベルト以下の地域です。しかし、そうした「安全」とされる地域に住んでいても、住民は放射能の被害に不安を感じています。というのも、この20ミリシーベルトという基準が、現行の法律と比べて非常に高いからなのです。例えば、原子炉規制法では一般の人が年間浴びてよい放射線量を1ミリシーベルトとしています。一方、放射線管理区域と定義される年間5・2ミリシーベルトの区域では労働法規によって厳格な管理がしかれ、一般人は立ち入り禁止、18歳未満の未成年者の労働は禁じられています。何度も言及してきた国会事故調の報告書では、年間5ミリシーベルトをひとつの基準とみなしているようです。実際、低線量の長期間被曝がどのような健康被害をもたらすかについては、確たるデータがそろっていないと言われています。

こうした状況の中で、安全と言われる地域内から、もし人が自主避難を決めると、その人の不安は「科学的に根拠がない」とされ、避難者は周囲から自分勝手だと言われてしまいます。母親が子どもを連れて避難を決める場合、家族内で理解し合えるとは限らず、理解し合えない場合、家族崩壊につながるケースも多いと報道されています。

＊

「避難の権利」を確立しようと活動しているNGOである「福島老朽原発を考える会（略称：フクロウの会）と、環境問題提唱活動を行なっているFoE Japan（エフ・オー・イー・ジャパン）が、自主避難をする家族にアンケートを行ない、272家族から回答を得ました。その結果、避難したくても避難できない福島の実情が浮かび上がってきました。多くの方がたが、避難を妨げている要因として「経済的に不安」「仕事上の理由」をあげました。自由回答では、見えない放射能への恐怖とともに、二重生活による経済的な苦境や、避難先での生活に対する不安などの訴えが見られました。さらに、避難することで、あたかも自分だけが福島を見捨てて行くような罪悪感を抱いたり、放射能問題を真剣に考えていない周囲との意識のギャップに由来する苦悩がうかがえました。すなわち、被曝の影響を避けるため「避難する」ことが社会的に認知されておらず、それが避難を妨げている要因の一つとみなされると、両NGOは指摘しています。

20ミリシーベルトという基準値を安全とする根拠があいまいな中で、被災した人々はこのような苦悩を強いられているのです。

＊

がんになるリスクと被曝量との有意味な相関関係は短期的な被曝に関しては認められていると聞きますが、あくまでも統計学的な論でしかなく、ある個人が癌になるリスクを語っているわけではないと認識する必要があると思います。まして、低線量被曝に関してはデータがないのです。母親にとって、子どもはかけがいのない、one and onlyであって、この子が癌にならないとは誰も言えません。母親が不安になるのは当然ではないでしょうか。彼女の不安を科学的根拠がないとして退けられるとは思えません。反対に、パーソナライズド・メディスンという観点から、個人のDNAの損傷を調べれば個人が癌になるリスクを知ることができると述べ、そのような調査の実施を訴える別の科学者もいます（児玉龍彦東大教授、2011年7月27日衆院厚生労働委員会での発言）。同じ科学的な論法ではあっても、逆の態度があることに希望が持てます。

＊

原発問題の議論でよくあるのは、相手の主張を感情論とか、科学的ではないと言って切り捨てる態度ではないでしょうか。科学的な議論とは何でしょうか。

科学が「ある特定の課題に関して」「観察や実験に基づいた」「物事の構造や行動を体系化した知識」であるとするなら、逆に、そこで対象とされる物事は世界のすべてではなく、原因と結果について一貫性が認められ体系化できる範囲において展開されていると言い換えることができるでしょう。そうであれば、科学的議論には、一定の範囲においてのみ成立するという有限性があると考えなければなりません。ある範囲に入らない事象、条件などは体系外へと排除して進めるのが、科学的議論の特徴と言えるかもしれません。

東京電力において彼らは、大津波が到来し非常用電源システムが破壊されること、あるいは地震の揺れで東北電力の鉄塔が倒れ外部からの電力供給を失う事態を「想定外」とし、議論からはずしました。「安心・安全」をうたった原子力発電論の外側には、範囲の外へ排除されたいくつもの条件があったことを覚えておかなければなりません。

象徴的ともいえる概念が「バックフィット」です。国会事故調報告書の用語解説にこうあります。

「新たな安全基準が作成された際に、それ以前に作られた原子炉について、新基準に照らし合わせて調査し直すこと。日本の原子力規制と事業者との関係に見合うように作られた用語。米国では、既存の原発にも最新基準への適合を義務づける「バックフィット」という言葉が用いられる。」

「バックフィット」は議論からはずされました。科学的論理性が一定の範囲内でのみ成立するものだとしたら、「科学的根拠に乏しい」という反論に対しては、その論者が想定する議論の範囲を問わなければならないはずです。「乏しい」のはむしろ、彼らの論じる条件の数だと言い返さなければならないでしょう。

＊

先ほどの2つのNGOは、人はだれでも安全に、健康で文化的に暮らし、幸福を追求する権利を持っており、これは憲法でも国際規約でも認められ、普遍的に認められる当然の権利であると言っています。それに基づき、「避難の権利」を、「自らの被ばくのリスクを正しく知り、自らの判断で避難をする権利」と定め、リスクを知る権利、正当な賠償を受ける権利、行政支援を受ける権利の保障を訴えています。別の弁護士団体も「避難する権利」を主張し、ひとつには放射能への対策を個人が決定するにあたって必要な情報を受ける権利であるとし、もうひとつには、避難を選択した場合に必要な支援を受ける権利と定義しています。どちらの考え方も、チェルノブイリ事故のあとでロシア、ウクライナ、ベラルーシの3か国が制定した法律を参照しながら、被害にあった人々の人権を守ること、正当な救済を求めることを主眼としています。

何の落ち度もないのに、突然、家を捨てなくてはならなくなったり、生命の不安に怯えなくてはならなくなったりしたら、これらは暴力に他なりません。これに立ち向かうために私たちはどうしたらいいのでしょうか。第一に、真実を知ることでしょう。隠されていたら暴かないといけないときもあるでしょう。二番目には、自らの正義を信じることでしょう。人権を主張するのです。そして、それが一人でできなかったら、手と手をつなぐことだと思います。

＊

もともと東京生まれなのに、福島に住み博物館を運営している女性がいます。彼女は、原発事故のあとで福島永住を決意しました。彼女はその「アウシュビッツ平和博物館」に原発事故に関する資料を保存するアーカイブを設立することを決意し、すでに様々な活動を開始しています。福島原発災害情報センター設立趣意書で、彼女は「災害の終息まで数十年、数百年という長い年月、次々世代にまで現在および過去の歴史という形で語り継ぐことになります。そして終息を託さなければならない、あるいはお願いをしなければならない、という痛恨の思いを設立の趣旨とします。」と述べています。

＊

めったに街頭に出ることのなかった日本のふつうの女性や男性が今や声を上げるようになっています。原発災害は一人ひとりの人権問題だからです。女性のほうが「かけがえのない命」に関わることが多い分、気づきやすいのかもしれません。しかし、男性であろうと同じです。先祖から預かってきた土地で生きてきた農業者、生きものを扱う牧畜者、漁師たちもまた「かけがえのないもの」の重みを知っています。福島原発の収束のため、あるいは除染活動の前線で身を粉にして働いている人たちも同様に「たったひとつの命」を惜しむ気持ちを強く持っているはずです。
政府、学会、産業界には、その意思決定において、「かけがえのない命」「人権」を尊重するよう強く求めるものです。

総会テーマ「平和構築者としての女性の役割」の下、２０１２年11月18日講演

被災高校生への奨学支援

大学女性協会は、東日本大震災直後に国内外から届けられた募金を、日本赤十字社に関係する仙台支部会員を通していち早く宮城県共同募金会に寄付したが、その後、被害の状況が明らかになるにつれ、宮城県内の孤児・遺児の人数が中学生18名、高校生31名の計49名に上ることが判明し、彼らに対する支援をピンポイントで届ける方法はないかと、熱心な話し合いが始まった。当時の会長と副会長が宮城県教育委員会を訪問し、直接その思いを伝えたところ大変喜ばれた。その結果、2011年6月2日、理事会は災害地支援特設委員会を設置し、以後8年間にわたる被災高校生支援プロジェクトがスタートした。当協会は1946年の創設から大学生・院生を対象に奨学事業を続けてきたが、このたびの被災高校生支援は、初めての生活支援を目的とする奨学金事業となった。支援対象を選抜する会議では、応募者の作文の内容に委員たちは幾度となく胸が締め付けられた。

■奨学支援事業の概要

2011年3月11日14時46分に発生した東北地方太平洋沖地震は、それに伴って発生した津波、たび重なる余震により、人的被害では死者・行方不明者2万5千余人という未曽有の大災害となりました。東日本大震災と名付けられたこの震災は、未だ復興半ばですが、当初、このような被害状況の中、大学女性協会としてはどのような支援が望ましいかと考え、まずは緊急支援として金銭的支援事業（宮城県共同募金会へ寄付）を、そして、私たちの活動の目的の一つである「女性の高等教育の推進」の一助となることを願い、被災地の女子高校生の奨学金支援（給付型）の事業を継続的事業とすることを理事会で決定し、ただちに特設委員会が設置されました。

募集内容は、当協会の支部が存在する宮城県内の被災高校生を対象とし、孤児・遺児となった生徒を優先し、成績と生活態度をあわせ総合的に判断し、奨学金は高校卒業までの期間、毎月1万円ずつ本人の口座に入金し、高校卒業後も、さらに進学する場合は2年間の支援を延長するなど、高等専門学校・大学への道をバックアップするものとしました。

支援金は当協会からプロジェクトの基金として150万円を拠出し、会員および一般からのご寄付を合わせて財源とし、当時の青木怜子会長がご寄付お願いの趣意書を作成しスタートしました。

一方、この東日本大震災の状況は「3.11 Disaster Japan」として国外のメディアでも多く放映されましたので、国際大学女性連盟（現大卒女性インターナショナル Graduate Women International）の皆様からも、暖かい応援メッセージと共に多額の支援金が送金されました。国内外からのご寄付は、この支援事業を強く後押しし、当初3年間の募集期間を5年間に延長することができました。

開始から8年間、支援した高校生は20名に上りました。全員が大学・高等専門学校への進学を希望し、入学が可能となった学生に2年間の追加支援を継続したこの事業は、2019年3月、最後の奨学生の支援をもって終了いたしました。

高校から大学・高等専門学校に繋がるこの事業は、奨学生たちが試練を乗り越え、夢をもって生き続ける姿勢を支援することができたと確信しております。

一般社団法人大学女性協会 東日本大震災災害地支援事業特設委員会

委員長 高田武子

二〇一九年発行の報告書より

大学女性協会が加盟する大卒女性インターナショナル（ＧＷＩ）の多大なる支援に感謝の意を表すべく、奨学生から届いた手紙（本書以下にて紹介）を英訳し、本部（スイス、ジュネーブ）のジータ会長宛てに送った。そして、２０１９年7月25日からジュネーブ大学で開催されたＧＷＩ創立百周年記念世界大会において、高田委員長が当事業についての周到な報告を行なった。

奨学生から届いた手紙

奨学生たちからは、高等学校を卒業した時、大学入学が決定した時、大学在学中、支援が終了した時、それぞれの思いが感謝の言葉とともに届いた。２０１９年発行の報告書にはそれらのすべてを収載した。その中から封書で届いた手紙を選んで掲載する。

２０１４年４月

保育士の資格取得をめざしています

　このたび東日本大震災・災害地支援事業に際しましては、３年間奨学金をお送りいただき、厚くお礼を申し上げます。おかげをもちまして、勉学に打ち込める環境を得ることができました。

　今回の地震は甚大な被害をもたらしました。幸いにも家族や親戚は皆無事でしたが、家は全壊となってしまいました。只今は仙台医療秘書福祉専門学校に通い、保育士・幼稚園教諭の資格取得を目指し勉学に頑張っております。月日が経つのがとても早く、卒業まで残り1年となりました。

　教育実習もあり、実際に子どもと関わることで、保育士になりたいと思う気持ちが強くなる反面、関係を築くことの難しさや、根気強く向きあっていくことの大切さを学びました。実際に子どもたちと関わることで、勉学だけでは得られないことも沢山あり、新たな自分の課題も見つけ出すことが出来ました。まだまだ未熟ではありますが、子どもと共に成長する喜びを感じることができる保育士や幼稚園教諭といった、子どもと関わる仕事に就くという目標に少しでも近づけるよう、これまで以上に残りの1年間の学校生活を有意義に過ごしたいと思っております。

2014年5月　上京して大学生に

高校3年生の時から、3年間支援して頂いて本当にありがとうございます。私にとってこの東日本大震災災害地支援事業の支援は、とてもありがたく、そして生活に欠かせないものでした。上京し、学生となり、片親で育ててくれている父親には金銭面での負担がかなりあったと思います。こちらの支援があったことで少しでも父の負担が減ったのではないかと思います。もちろん、私自身もお金のことを気にすることなく、勉学に一生懸命励むことができました。本当にありがとうございました。

2015年5月

ユニバーサルデザイナーの夢に向けて

今、こうして2年間を振り返ってみますと、至らない部分もありますが有意義な大学生活を過ごさせていただきました。学問、委員会、サークル、アルバイトなど様々なことに全力を尽くせています。3年生からは専門科目が増え、一層難しくなり学業に費やす時間が多くなってきています。そのため、アルバイトをする機会が減っているため学費の返済や生活費を保つのが難しくなっている状態です。また、私自身だけでなく妹も今年から大学へ通うため親への負担が増えてしまっています。しかし、大学女性協会様のご支援があったからこそそれを気にせず学業に打ち込めます。こうして希望の学業を好きなだけ学ぶ事が出来まして、2年間変わらず支えてくださった大学女性協会の皆様、そして支給業務に携わってくれたすべての方々に感謝申し上げます。

私の夢は、すべての人々（年齢や国籍、人種、性別等を問わず）が使いやすいユニバーサルデザインの製品を設計開発することです。そのためにも、さ

奨学生から届いた手紙

らに知識技能を身につけ、私を支えてくださった皆様へのご恩と感謝を忘れず、より一層夢に向かい全力投球していきたいと思います。

2016年3月
一人前の消防士になって支援に報いたい

私は消防士として元気にやっています。これまでたくさんのご支援いただきありがとうございました。緊張の入学辞令交付式も無事終わりました。消防学校での訓練も本格的に始まり、更に緊張の続く毎日です。

奨学金について私は父から大変助かっていると聞いたことがあり、通帳に振り込んであるのを見せてもらったこともあります。細かいことはわかりませんが、私は高校生活での塾の月謝や部活動の遠征費や高校卒業してからの寮生活でも何不自由なく生活ができました。そのおかげで私は試験勉強に専念することができ、試験に合格することができたと思います。本当にありがとうございました。合格することがゴールではないと思っていますので、ご支援に早く報いるように、一人前の消防士となります。

（父上の礼状が同封されていた。）

2016年3月　看護学校を無事卒業

東日本大震災から、早いもので5年が経過致しました。私が住む気仙沼市は、徐々に復興へと近づいていますが、まだまだ仮設住宅での暮らしを余儀なくされている方が沢山いらっしゃいます 私は今年の3月4日、無事に気仙沼市医師会付属看護学校を卒業いたしました。

ここまでくるのに、苦労が絶えませんでしたが、大学女性協会様の温かいご支援のおかげで、不自由なく学校生活を送ることができました。本当に感謝しております。私は3月16日から地元の外科クリニックに勤めており、4月からは気仙沼市医師会付属高等看護学校へ夜間通います。昼間働いてからの夜間学校なので、今後も大変忙しくなると思いますが、精一杯頑張っていきます。今までご支援していただき本当にありがとうございました。

2016年4月

夢中で取り組んでいる今がいちばん楽しい

今年の4月からいよいよ2年生に進級が決まり、実習や勉強の事で頭がいっぱいになっている今日この頃です。しかし、それは自分にとってとてもよい刺激となり、日々幸せと感謝の気持ちを感じています。早いもので震災から5年経ちました。当時、14歳だった私は、まさか大学に行けるなんて思ってもいませんでした。しかし、夢は諦めるものではないと今では思っています。高校も無事卒業することができ、このように生活できているのもたくさんの方々の支援とご協力があってのことだと感じます。

いま、仙台青葉短期大学のこども学科で保育士・幼稚園教諭を目指し何事にも夢中で取り組んでいます。本当に忙しく大変な毎日ですが、今がいちばん楽しいです。苦手なピアノや難しい授業もあります。しかし、人の役に立てて子どもの笑顔や幸せのために働くことができるならば、すべてがやる気に変わります。自分にはできないだろうと思っても必ず挑戦することを忘れません。できたとしてもできないとしても、すべて自分の力になっているように感じます。ボランティアもサークルも興味があることは何でも取り組んでいる学校生活です。2年生になっても、目指すものにはぶれず、目標の下で一つひとつ一生懸命取り組んでいきたいと思っています。来年も何卒よろしくお願い致します。

2016年4月

大学に現役合格しました

高校までシャトルで通っていた私は、大学受験の対策講習に出るためには帰りが遅くなるので、高速バスを利用しなければなりませんでした。大学女性協会から奨学金をいただいているお陰で交通費に利用させていただき、塾に行かずに高校で行なう講習のみで、みごと大学に現役合格することができました。本当にありがとうございます。

現在、私も、妹も、私が通っていた高校にシャトルで通っています。妹も、大学受験をしたいと考えており、日々勉強を頑張っています。これから始まる講習のことを考えると、シャトルが使えなくなり高速バスで通うことになります。ぜひ、大学女性協

奨学生から届いた手紙

会からの奨学金を交通費に利用させていただきたいと思っています。申請書の方をもらいたいです。よろしくお願い致します。

2017年3月　**保育園から内定を頂きました**

もう少しで、震災から6年が経とうとしています。

当時私は、中学二年生で、何が日本に起こっているのかわからず、ですが心に穴があいてしまったような気持ちになり、ただでさえ悪かった成績を落としていき、勉強をしても身が入らず、ぼーっとして過ごす日々でした。高校や大学、夢さえ叶わないのではと不安になることが多々ありました。なんとか高校に入学したものの、金銭面は大丈夫なのだろうか、高校に上がっても平気だろうかと心配していた時に、祖父から、そちらから支援していただけるという話を聞き、少し安心した部分もありました。自分が好きで選んだ高校に入り、大学まで進むことが当たり前と感じていたあの頃と違い、高校生になり、当たり前には出来ないこともある、すべてが当たり前なわけではないのだということを知りました。

高校生になり、幼い頃からの夢だった保育士になりたいという夢を現実にするために一生懸命勉強をして、保育の勉強ができる宮城青葉学院短期大学に入学することが出来、そして奨学金の延長もしていただき、２年間通うことが出来ました。本当にありがとうございました。

大学も卒業が近くなり、内定を頂いている保育園で、３月の５日から、３月中はパートとして働かせていただいています。平成29年４月からの開園なので、開園の準備や保護者説明会の準備に追われています。先輩の先生方はとても優しく、おもしろい方が沢山いらっしゃるので、とても楽しいです。一日でも早く子どもたちの名前を覚えて、元気に沢山あそびたいです。今からとてもワクワクしています。

もし、あの頃支援のことを知らなかったら、私の夢はかなうことはなかったのではないかと思っています。みなさまが私に支援をしてくれたおかげで、夢である保育士になることができました。いま、パートで園に通い、仕事をしていても夢ではないかと思うことがありました。直接お礼や恩返しをしたいのですが、難しいことだと思うので、お礼は手紙で失礼します。そして恩返しは、素敵な保育士になることで、社会人として、社会を通して恩返しをさせて頂きます。

2017年3月　地元の幼稚園に就職が決まりました

早いもので震災から6年が経ちました。私自身、震災時の体験談を話すことが多くある中で、震災を乗り越えたような気持ちでいましたが、3月が来るたびに昨日のことのように思い出します。今この時も震災当時のことを思いながら書いています。

震災当時、中学2年生で14歳だった私も、今年は無事に短期大学卒業が決まり、4月の誕生日を迎えると21歳になります。就職先は、地元の石巻カトリック幼稚園に決まり、来週から研修も始まります。不安な気持ちはありますが、私の夢であった幼児教育の現場で働ける嬉しさと期待を持っています。

震災が起きて、絶望と不安の中でまさか大学を卒業して石巻に留まって働くことなど想像もしていませんでした。本当にたくさんの支援と家族の支えがあったからこそ、ここまでこれたと思っています。感謝してもしきれません。

この6年間を振り返ると、様々な困難や挫折、そして喜びと幸せがたくさんありました。大きく分けると中学校卒業、高校進学、大学進学、大学での生活が私の中の大きな出来事でした。まず、震災の影響で中学校の校舎がなくなり復興の目途も立たない中での中学校生活で、高校に進学できるのか不安でいっぱいでした。しかし、何とか入りたい高校に合格し中学校も卒業できました。長女の私が両親に金銭的な面で迷惑をかけている気持ちはありましたが、高校入学を喜んでくれたため、高校では勉強と部活を頑張って保育士になることを目標に取り組もうと考えました。

高校に入った後、震災の影響があった生徒に対しての奨学金があることを知り、少しでも学費を援助してもらうことができれば、家族は妹や弟の為にお金が使え、これからの生活に使えると思いました。そのためこのような奨学金制度は私たち被災者にとって本当にありがたい制度でした。大好きだった

奨学生から届いた手紙

バレーボールも高校生まで続けることができて、大変なことも多くありましたが充実した高校生活を送ることができました。友だちにも恵まれ、先生方にもたくさんのことを教えていただきました。机の上の勉強だけでない、生きていく上で大切なことを日々の生活を通して教えていただきました。

そんな高校生活も終わり、保育士の夢をかなえるため短期大学で勉強することを決めました。たくさん迷うこともあり悩みましたが、希望した短期大学に無事合格することができました。日本学生支援機構、そして大学女性協会様の奨学金の助けを借りて大学での勉強をスタートすることができました。大学での勉強が忙しくない時期は少しだけアルバイトをしましたが、やはりほとんどは両親にお金を出してもらい大学に通うことができました。大学での生活は振り返ると本当に楽しい思い出ばかりです。地元から少し離れた仙台の大学に通い、大変なことや勉強・実習の辛さも経験しました。今となってはいい経験です。卒業式を明日に控え、寂しさと楽しさが混じった思いでいます。

大学女性協会様の5年間にわたるご支援は、私だけでなく私たちの支えとなりました。本当に感謝しています。短い文でのレポートですが、私たちの経験から何かお伝えできたら幸いです。

2017年3月　来年はアメリカの大学へ

4年間もの長い間のご支援、本当にありがとうございました。この奨学金がなければ学業に励むことができなかったと思っており、高校卒業後大学へ進学し、現在大学で好きな学問に専念できているのは大学女性協会の皆様のご支援があってのことだと思っております。

大学生活では、1年次から英語の勉強に励み、高校生の頃からの目標であった海外留学を目指しました。2年次では大学の交換留学プログラムに申し込み、選考を通過することが出来、来年の夏から1年間アメリカの大学で勉強することが決定しました。アメリカの大学では、現在大学で専攻している国際学などを深く学ぶとともに英語でのコミュニケーション能力を高めることを目標として頑張りたいと思います。この留学プログラムに参加できるのも、皆様の長い間のご支援がなければ決してできないことだと思っております。皆様から頂いたご支援に感謝し、学業に励むのは勿論のこと、ボランティア活動やインターンシップなどの課外活動にも積極的に取り組み、さらに充実した1年間を過ごしていきたいと考えています。

2018年3月　臨床心理士をめざします

高校生の時から、さらに2年延長してご支援いただき有難うございました。私にとって、この東日本大震災災害地支援事業の奨学金は、生活していく上で大きな支えとなりました。

あの震災があった年に父親が倒れ、父は重度の身体障害者となりました。私にとって、あの年は、今まで当たり前に過ごしてきた生活が当たり前ではないと強く感じられた年でした。そんな中で、高校生から延長2年の支援があったのは、私たち家族にとってとても大きな支えとなりました。高校生だった私は念願した高校に通い好きなソフトテニスに励んでいました。アルバイトで稼ぐことができない高校でしたので、このご支援は部活動を続けるにあたり、とてもありがたいものでした。しかし、私へのご支援はいただけたのですが、私の下にもう1人妹がいて、妹の時はご支援をいただけなかったので、そのことは少し疑問に思いました。

私には臨床心理士になる夢があり、それを叶えるためには大学院を卒業しなければならないので、あと大学2年と大学院2年間、しっかり勉強や経験を積み、頑張っていきたいと思います。

2019年4月　「支えてもらっている」を力に

私にとって東日本大震災災害地支援事業の奨学金は無くてはならないものでした。高校生活・大学生活どちらも充実して不自由なく過ごせているのは、この支援があったからです。日々の生活に欠かせないものとなっており、大学入学時にはとても助かりました。

頂いた奨学金は通学に使う定期券、生活必需品(文房具など)に使わせて頂きました。支援してくださっ

奨学生から届いた手紙

たおかげで高校では上位五本の指に入る程の成績を残せました。大学入試も推薦で合格でき、大学でも怠けることなくよい成績がもらえています。これも間接的に環境を整えてくださったからです。主に金銭面での支援を頂きましたが、私には「支えてもらっている」「味方がたくさんいる」と感じることができ、何か行き詰まった時には、そう思うようにしてあらゆる困難を乗り越えてきました。このように、金銭面だけでなく、精神面でも支えて頂きました。私にとって無くてはならないものになっていました。

これからは就職活動が待ち構えています。社会人になり、何らかの形で頂いたご恩をお返し出来ればと考えています。

2019年4月

支援によって人生を変えることができた

世間では新元号が発表され、平成を振り返る番組が数多く放送されています。振り返ってみると、平成は災害の多かった元号であったと思います。新元号では「和」とあるように平和であってほしいと願うばかりです。長年にわたるご支援を賜りまして、本当にありがとうございました。

震災当時の私は小学6年生でした。加えて、片親という状況でした。その母が亡くなったことは私にとってはかなりのショックでした。年齢が若く、多感な時期であったことも相まって、私の人生は180度変わってしまったと思います。しかし、未曾有の大震災に対して多くの方が支援を申し出てくださいました。支援がなければ、このように大学に通って自分の好きな勉強をすることもできなかったと思います。皆様の支援によって、さらに人生を変えていただきました。

そもそも、私が大学に行って英語を勉強したいと思ったのも国外、そして大学女性協会の方がたをはじめ数多くの支援があったためです。支援がなかったら、どのような人生を歩んでいたのだろうか、と考えることがあります。私の家庭環境を考えると、大学に行くことは難しかったかもしれません。皆様の支援により笑顔で高校まで卒業することができました。高校を卒業し、大学に通い始めて、心から気仙沼で育ってよかったと思えるようになりました。

未だ、支援を必要としている人も多くいることと思います。家が流されてしまい、高校を卒業したら働かざるを得なくなった友人もいます。そのような人たちを助けてあげられるのは、大学女性協会のような皆様だけです。皆様の支援で多くの人の人生を変えることができます。今後とも、暖かいご支援をよろしくお願いいたします。

前文や結びおよび、文意を損なわない限りの一部、省略・改変以外はそのままの文章。プライバシー保護のため姓名は載せていない。見出しは編集子による。

奨学生のその後　アンケート

2019年3月から4月にかけて、8年間支援した被災奨学生20名にアンケートを実施した。内容を分類して整理した結果を示す。

卒業、進路決定

・昨年の4月から千葉市の大学に入学し、またサークル等で元気に頑張って毎日過ごしています。

・毎月1万円を交通費に使わせて頂き安心して高校に通学でき、勉強に集中することが出来ました。

・保育士・幼稚園教諭の資格を取得し、仙台の短期大学を卒業いたしました。中学からの夢をかなえ過ごすことが出来ています。

・消防士になりました。第1希望の職に就くことが出来ました。

奨学生のその後　アンケート

・今は保育士の仕事をしています。これからもこの仕事を頑張っていこうと思います。
・4月から社会人として頑張ります。
・私は大学3年の8月から4年の5月まで学校の制度を利用し留学しておりましたが、無事4年でストレートで卒業できることになり、今年3月に卒業予定です。就職したいと考えています。
・卒業後は夢だった旅行会社での勤務が決まりました。自分の夢を叶えることが出来ました。
・希望通りの職業に就くことが出来ました。
・夢の職業に就くことが出来ましたので、今後は社会に貢献していければと思います。
・来年4月から宮城県内の病院での就職が決まりました。

〈看護学校の事務局長からの電話――私の学校の生徒がこのように長い間、奨学金をご支援頂いていることを知り驚きました。大変お世話になりました。大学女性協会の名前も、この度生徒から聞いて初めて知りました。このような心のこもった素晴らしい支援をされていらっしゃる大学女性協会の皆さんに心から敬意と感謝を申し上げます。〉

目指す進路

・いま、大学院に進学したいと思い、受験のため勉強をしています。
・奨学生だったので安心して大学に通うことが出来ました。今は管理栄養士の国家資格を取るために勉強に励んでします。就職もそろそろ気になり始めました。これからも皆さんの役に立つように生きていきたいと思っています。

〈母上からのメール――医学部を目指して努力途中でございます。資金の面もありまして長く時間がかかっておりました。模試では判定が十分ですので、何とか今年は努力が実ることを望んでおります。明日からセンター試験が始まります。吉報をお届けできることを祈っております。〉

〈母上からの追伸――一浪の後、入学許可をいただきました。ご支援頂きましたのに現役合格叶わず、お許しください。しかしながら、高校在学中はフェンシング部に所属しインターハイに出場しました。現在は、勉学に励みつつ大学生活を楽しんでおります。〉

進路変更

・支援金は歯科衛生士の教科書・教材・授業料に使い、実習費でも大変助かりました。2年生になって、この仕事が自分に向かないと悩み、母親と毎日話し合いをして喧嘩三昧だった。そして自暴自棄になり家を飛び出し、中退して、一人で食べていく事を考え、アルバイトの連続で過ごしたが、知人の紹介で、今は介護施設に勤めている。皆さんが親切で、やっと少し心が落ち着いた気持ちになって、母にも話が出来るようになったのですが…。奨学金は、物よりお金をいただくことが、非常に役に立って感謝しかありません。(電話)

・奨学金は交通費と学用品に使いました。大学中退して、今は元気に運送会社に勤めています。

〈父上から——2年生になり、実習等専門に入りましたが、ついていけないので、本人が中退しました。あと半年なのでとても残念です。〉

・保育科に在学しているが、自分には合わないことから一般職として就職活動をする予定。その他アルバイト、コンサート等学生生活を満喫中。NHKテレビ「東日本大震災その後」に出演。

回答はメール、封書、はがき、電話で受けた。電話の話は委員会が要約。

あとがき

東日本大震災から12年経った昨日、14時46分には全国で犠牲者への黙とうが捧げられました。私もあの日あの時の自分を思い出しながら心の中で黙とういたしました。

私はあの日、東京の山手線駒込駅近くの銀行で、翌日開催する予定だった集会の会費の釣銭用に両替しようとしていました。突然地震が起こり、二度にわたる激しい揺れがありました。地震が収まってからかなりの時間、交通機関の回復を待ってみましたが、復旧の見込みはなさそうなので、歩いて帰宅することにしました。駒込駅から自宅のある田町付近まで、山手線環内を縦に北から南まで歩いたことになります。途中、皇居周辺の内堀通りを歩いていたころには暗くなり、二方向に整然と分かれて黙々と歩く帰宅者の黒い姿で広い歩道がいっぱいだったのを今でも忘れられません。あの日は東京だけでも数十万もの人が黙々と自宅へ向けて長時間歩き続けました。

そして今、この本の校正刷りを手にし、全国各地の大学女性協会の会員の災害の記憶を読んでいくと、あの日の私自身の経験や、テレビで惨状を知ったりした折の恐怖がまざまざとよみがえってきます。

この本の出版は、大学女性協会生涯学習委員会の企画により実現しました。大学女性協会は大学を卒業した女性を会員として、１９４６年から男女共同参画社会の実現などに向けてさまざまな活動を展開しているＮＧＯです。全国に24の支部をもち、これまでに起こった数々の大災害を経験した会員も少なくありません。

阪神淡路大震災、東日本大震災に見舞われた支部では、災害の記録を冊子にまとめています。東日本大震災直後には「被災高校生への奨学支援」を会員からの募金をもとに実施しました。また、災害経験者や支援者の経験談をもとに、「来たるべき災害」について備え、考えるための会も開催しました。本書は、これらの記録、支援した奨学生からの手紙、さらに災害への備えの助言などに加え、２０２０年1月から全会員に呼び掛けて集めた災害の記憶や記録を編集して出来上がりました。

私どもは、このようにしてまとめられた「災害の記憶」を皆さまにお読みいただき、今後も起こり得る災害への備えの一助としていただけることを願っております。

出版を快くお引き受けくださり、編集から校正まで多大なご支援・ご助言を賜りましたすぴか書房社長宇津木利征氏に厚くお礼を申し上げます。

２０２３年3月12日

一般社団法人大学女性協会　会長

岩村道子

■大学女性協会　だいがくじょせいきょうかい

「すべての女性が輝く明日のために」をモットーに、女性の高等教育の向上、男女共同参画社会の推進、国際協力と世界平和を目指して活動するNGO（非政府組織）。国連と歩調を合わせた啓発・提言活動と、女性を対象とした奨学・奨励事業など、さまざまな活動を行なっている。

沿革：Japanese Association of College Alumnae（JACA、大学婦人協会）として1946年創設。初代会長は藤田たき（後に労働省婦人少年局長）。1949年改称、Japanese Association of University Women（JAUW、大学婦人協会）に。1954年、International Federation of University Women（IFUW、国際大学女性連盟；1919年創立、本部：ジュネーブ。現「大卒女性インターナショナル」）加盟。2008年、大学女性協会（JAUW）に改める。2012年より一般社団法人大学女性協会。

〒160-0017東京都新宿区左門町11-6パトリシア信濃町テラス101
https://www.jauw.org/

＊本書の企画発案と進行は生涯学習委員会による。
編集委員：窪田憲子　佐々木澄子　嶋田君枝　鷲見八重子
曽田佳代子　端本和子　渡部由紀子
編集協力：相澤富美江　安藤隆子　松村和子　松本由美子

＊著者、初出：著者は大学女性協会会員（執筆当時）。所属、肩書等は省いた。既発表の再録（一部改変あり）は文末に初出を明記した。その記載がないのは、今回の呼びかけに応じて寄せられた原稿。

《読者の皆さまへ》
ご感想をお寄せいただけましたら幸いです。
メール jauw@jauw.org　FAX（03）3358-2889
下のQRコードもお使いいただけます。

2023年5月21日　第1刷発行

災害の記憶をつなぐ

編者　大学女性協会

発行者　宇津木利征

発行所　有限会社すぴか書房
〒351-0114 埼玉県和光市本町2-6 レインボープラザ602
電話 048-464-8364　FAX 048-464-8336
http://www.spica-op.jp
郵便振替口座　00180-6-500068

印刷/製本　日本ハイコム

メヌエットライトC 73.2g/㎡（本文）　モデラトーンGA|シルキー（見返し）
OKマットカード（表紙）　モデラトーンGA|スノー（ジャケット）　タント|P-72（帯）

ISBN978-4-902630-31-2

★すぴか書房の本

津波避難学

命が助かる行動の原則と地域ですすめる防災対策

清水 宣明［著］

津波が迫っている。その時、あなたはどうしますか？

逃げられない災害弱者は絶望するしかないのでしょうか？　否！

避難学の目的は地震・津波に勝つことではありません。3.11 東日本大震災でのさまざまな事実に学び、誰にでも実行可能な「正しい避難のしかた」＝命を最優先に「負けない」ための最善策を、科学的に追求する。

四六判　228 頁　定価（本体 1,800 円＋税）　ISBN978-4-902630-25-1